박 우 란

我就是我，不是誰的另一半

朴又蘭박우란——著
丁俞——譯

남편을 버려야 내가 산다 : 마음의 자립을 시작한 여자를 위한 심리학

序言

獻給想在愛情中自立的妳

某天，一名女性來到了我的諮商室，因為和丈夫的關係逐漸變得疏遠，她感到非常痛苦，並試圖想要修復這段關係。在進行心理分析的過程中，我表明了想見見她丈夫的想法，她的丈夫也對參與諮商表現出積極的意向，反倒是妻子本人顯得有些猶豫。其實對於自己和丈夫之間產生疏離感，還有兩人之間令人感到折磨的緊張感，這名女性是樂在其中的，一直以來她都獨自享受著那種悲傷和孤獨。了解到這個事實的瞬間，該名女性受到相當大的打擊。也是在這個時間點，她才知道自己其實潛意識裡並不想改變現在的關係，也不願意縮短自己與丈夫之間的距離。

我建議這名女性仔細觀察夫妻兩人之間的關係及變化後，她才發現就算和丈夫同時待在家裡，她也會將自己封閉起來。待在只屬於自己的空間內時，心中會禁不住地竊喜。過去的她總認為自己會變得如此不幸都是丈夫的錯，只要解決和丈夫之間的問題就能修復夫妻關係，但這遲來的驚人發現讓她受到了相當大的衝擊。

正如這位當事人的情況，我們的潛意識有時會以不好的方式享受著某些狀況，而這名女性之所以會在潛意識中享受悲傷與孤獨的情緒，其實與她的原生家庭有很大的關聯性。該名女性和原生家庭成員間的關係、溝通方式、父親的暴力傾向，和母親絲毫不肯妥協的態度讓她的家成了戰場。幼年時期的她在這個戰場上選擇的應對方式就是沉默，不和任何人搭話，把自己孤立起來，躲進專屬於自己的悲傷世界裡。進入學校後，她也依舊沉默寡言，緊握著那些憂傷和悲劇般的過往不放，這樣的狀況一直到她長大成人、步入婚姻後也沒有任何改變。一直到這一刻，她才終於知道自己真正想要的並不是改變夫妻二人之間的關係，也不是真正的溝通。

當她在諮商過程中了解到有了丈夫的參與，兩人之間緊張的關係可能會因此改善後，潛意識中對於無法繼續維持這樣的關係產生了危機感，因為一段關係是無法光靠單方面的作為和積極度獲得改善的。腦袋裡想著要透過修復夫妻關係建立和睦的家庭，但一想到現在的狀態真的會產生變化，她的潛意識就對此感到抗拒。

這名當事人告訴我，光是認知到這個事實，她原本像鉛塊般沉重的人生，突然之間就變得像羽毛一樣輕盈；過去許多無法理解的碎片，現在也都像拼圖般，一塊一塊地拼湊起來了。我不過是一名諮商心理師，一名精神分析師而已，既沒有權力，也無法消除當事人的痛苦。無論當事人作出什麼樣的選擇，我能夠做的也僅僅是從旁幫助她釐清狀況，假如真的能夠擺脫痛苦，也全是當事人靠自己的努力達成的。

來到諮商室的女性們，生活中都充滿了哀悼。因為她們不再是丈夫所愛的人了，至今自己為家庭犧牲奉獻的一切似乎都變得毫無意義，於是陷入深深的無力感中，再也無法向前邁出步伐。為了守護家庭耗盡全身力氣的妻子們艱難地舉起手，敲了敲諮商室的門。

當哀悼發生在自己沒有意識到的狀況下，不停地重複經歷著某件令人感到痛苦的事件時，就會形成不斷重演的「潛意識哀悼（症狀的反覆）」。這就像在喪禮上不停哭泣，一邊為已逝之人送行，一邊安慰留下來的人的重複性行為一樣。當這樣反覆的哀悼成為一種下意識的行為，人就會在同一個地方繞圈子，無法逃離痛苦的生活。與之相反的概念稱為「象徵性哀悼（健康的反覆）」，如果說象徵性哀悼代表進行哀悼的人知道自己失去了什麼，也知道應該要放開手送走的對象是誰，潛意識哀悼就代表所指之人不知道自己為了什麼而哀悼，只是停在同一個地方徘徊，讓自己深陷痛苦之中的狀態。有許多女性為這種潛意識的哀悼感到疲憊，在不清楚自己為什麼而哀悼的狀況下，日復一日地承受痛苦，最後生活整個崩毀。

即便現代社會與過去十分不同，家庭形態也產生了非常大的變化，我們似乎還是下意識地以男性為中心，仍然無法擺脫父權主義的壓迫。雖然不是凡事都要以男性為重的父權主義社會，但女性為自己發聲，替自己爭取更高的社會地位，也不代表我們就脫離了以男性為中心的世界觀。男女雙方的對峙和衝突只會使男性主導社會的狀況越來越嚴重，這也是為什麼如今仍有許多女性活在根深柢固的父權社會結構裡，沒有了自己的人生，終日與憂鬱和痛苦為伍。

潛意識並不是一種總懷著惡意，偷偷地藏在心中某個角落，再突然現身折磨我們的事物。即便有些精神分析師認為精神分析就是抓出藏在黑暗中的某些東西，並把它攤在陽光底下審視，但潛意識並不是那麼沉重、可怕的東西。

拉岡說：「潛意識如同語言一般被結構化。」意識的結構為語言，而語言會受到特定文化圈極大的影響。語言介入的過程中，潛意識會被各種表象（象徵、形象）所支配。在意識另一端的表象會因為不同的對象，或處於不同的情況下產生怒氣，或重複做某些特定的行為。根據我和哪些人建立了關係，彼此的潛意識被什麼樣的表象所支配，雙方的相處模式和關係都會有所不同。為什麼我現在必須受這種痛苦，為什麼會被這種類型的人吸引，又為什麼會在這個地方受挫，都與潛意識有相當大的關聯性。

拉岡又如是說道：

「選擇並不是發生在好與壞之間，而是發生在壞與更壞之間。」

我們為了維持短暫的滿足，為了守住微不足道的事物，選擇付出巨大的代價，但有些人甚至沒意識到自己為此付出了什麼樣的代價。

愛情也是其中一個代價。為什麼有那麼多女性為愛情而苦呢？愛情和欲望有著非常直接的關係，卻沒有實體，就算想握也握不住。許多我們心中代表愛情的實體，其實大多都只是潛意識的幻想與投射所引發的錯覺。儘管如此，我們周圍還是存在許多因為再也無法去愛人，或無法被愛而飽受折磨的女性。

因此，不管妳和誰在一起，現在做為誰的妻子或愛人活著，我希望這本書有機會能夠成為妳開始自立的契機。雖然在正文中也會提到，但我希望能再次強調，我並不是激進的女權主義者，對女權主義也是一知半解。我只是個鑽研精神分析多年，對其他領域不熟悉的精神分析師，因此我在這本書中提到的見解，也只是我站在精神分析的角度，去看這個世界和人們的分析結果。

此外，精神分析的目標並不是為了社會共同體或家族創造一個完美的個體，而是要將該主體放在首要位置。我之所以會寫下這些文章，是希望能透過分析那些身處如蜘蛛網般錯綜複雜的家庭，和社會關係中個體的欲望，並拆解她們心頭上的枷鎖，進一步擴大社會對這些個體的理解。

精神分析的目的是要了解藏在自己意識背後的需求、匱乏和欲望。因此我在本書中會針對潛意識的欲望、挫折和需求會造成什麼樣的狀況作具體的說明。透過這樣的分析過程，就能讓人做回自己。當人們能夠接受有些許不足的自己時，無論身邊是什麼樣的人，都能夠好好相處，也能朝自己的人生更靠近一些。

寫於彼岸的密室內
精神分析師　朴又蘭

目次

Chapter1

拋棄丈夫我才能活下去——關於妻子的欲望

Chapter2

愛情對女人來說是什麼——關於妻子所缺乏的

Chapter3

曾經對男人有過幻想

——關於妻子心目中的理想男性形象

Chapter4

女人，堂堂正正地為自己而活
——關於妻子的自立

拋棄丈夫我才能活下去

——關於妻子的欲望

Chapter 1

禁忌關係的開始

「只有深度了解自己，知道自己內心深處的欲望為何，才能夠擺脫不斷重複的痛苦。」

三十多歲的昭熙來到了諮商室，她說自己的愛情正陷入了巨大的危機之中。昭熙從二十多歲就開始談戀愛，現在正處於第三段戀愛之中。她現在的男朋友是個大她十多歲的已婚男子，兩人已經維繫這樣的關係好幾年了，更準確地說，昭熙歷任的男朋友全都是已婚人士。昭熙告訴我，隨著他們交往的時間越來越長，她就越想和現在這個男人共度下半輩子，但同時又被這樣的想法弄得不知該如何是好。她知道如果自己要求更多，很有可能會失去愛人，但她已經對總是需要躲躲藏藏的第三者生活感到疲憊，對兩人之間沒有任何保證的未來也時常感到鬱悶。

有些女性也像昭熙一樣，愛上了不該愛的人，就像昭熙和有婦之夫之間的不倫一樣，踏入一段會被社會大眾鄙視的禁忌關係中。這些女性為什麼會一再犯下同樣的錯誤，她們內心真正的渴望又是什麼呢？周圍的人會為這些女性的選擇感到憂心，也會說一些不好聽的話，無法理解她們為什麼總是要談一段明知道不會有好結果的危險戀情來虐待自己。在理智上，昭熙也很清楚自己不該做這樣的事，但讓她陷入愛情的卻總是禁忌的對象。

某天，我在和昭熙進行諮商時問了她一個問題。

「假如妳男朋友離婚，選擇和妳在一起，妳會有什麼感覺？」

昭熙沒有立刻給出回答，猶豫了許久才終於開了口。

「不，那好像也不是我想要的。心理師，我怎麼會這樣呢？我連自己究竟想要什麼都搞不清楚了……」

昭熙的已婚男友似乎也從沒打算要離開自己的家庭，他和昭熙的禁忌關係反倒讓法律上的婚姻關係變得更加堅固，甚至成了保護男方家庭的牢固柵欄。對這名男性來說，他透過和睦且不會輕易動搖的家庭，和有著媽媽形象、溫柔地照顧孩子們的妻子身上得到了精神上的寄託，同時又能在婚外情的對象身上得到肉體的歡愉。在兩名女性之間來來回回雖然會感到勞累，但在她們身上得到的滿足感，讓他即便感到疲憊也甘之如飴。我在這名男性身上看到了維持美好幻想的強迫意念，他不允許這兩種快樂受到一絲一毫的損傷。

以為真正的愛情在自己身上的幻想

在精神分析中，所謂強迫性的男性欲望，正是幻想能遊走於純潔的聖母瑪利亞和娼妓之間的欲望，這類型的男性是不可能會放棄任何一方的。假如昭熙男朋友的婚姻遇到危機，他還有心思去想和昭熙的未來嗎?答案是否定的。他和昭熙之間的關係反倒會跟著出問題，兩人面臨分手的可能性也非常高。這些男性不是因為對妻子有不滿才會外遇，他只是想要確保自己隨時都能在愉悅的狀態下而已。為了達到這個目的，才會出於某種強迫性和自戀心態在婚姻中出軌。因此只要有任何一邊出現裂痕，所有的關係都會受到影響。

昭熙認為男朋友真正愛的是她，自欺欺人地試圖說服自己，男朋友在他的家庭中不過只是一具空殼而已。但她心中其實也很清楚，她的男朋友終究不會選擇她，自己不過是愛人用來填補空虛的對象而已。

不過仔細分析昭熙心中真正的渴望後，會發現她其實並不希望對方選擇自己，反倒是希望對方把自己當作是絕對無法選擇的「不可能的對象」。除此之外，昭熙也不斷地讓自己陷入不可能的關係中，像中毒般享受著這種痛苦又快樂的關係。而昭熙之所以會來到諮商室尋求幫助，是因為她的罪惡感隨著一段又一段的不倫關係變得越來越強烈，已經到了她無法承受的地步。

昭熙會被已婚男性所吸引其實是有原因的。在昭熙的心裡住著一名少女，這名少女經常會有想搶走爸爸的衝動，在偷偷搶走爸爸之後，對媽媽造成的打擊也會讓她有種莫名的快感。昭熙現在的行為就是將對媽媽的復仇轉移到男朋友的妻子身上，即便她根本不知道對方長什麼模樣。

昭熙成長的環境十分健全，家庭幸福且和睦，備受爸爸媽媽的寵愛。但因為父母的感情太好，昭熙經常會有種被冷落的感覺，甚至會因此產生嫉妒之心。從小，昭熙就夢想著自己長大後能遇見一個很棒的對象，共同建立幸福的家庭，但吸引昭熙的男性卻總是無法一起建立家庭的「不可能的對象」。

套句現代的說法，昭熙的爸爸就是俗稱的「女兒控」，把女兒照顧得無微不至。這也間接產生了昭熙會對爸爸過度執著，是源自於這位父親對女兒的愛的悖論。雖然昭熙的父母看起來感情非常好，但對於妻子無法一一照顧到的情緒，昭熙的父親會改為向女兒尋求慰藉。生活中遇到了什麼困難或是有什麼煩惱，他都會向女兒傾訴。看著這樣的父親，昭熙自然而然地產生了想照顧他的想法。

昭熙把自己當作是母親，並把對父親的那些無法紓解的欲望和衝動，投射到別的對象上。除了對父親的欲望之外，昭熙潛意識裡對母親的嫉妒心早已根深柢固，這也正是讓她不斷陷入禁忌關係之中的原因。昭熙沉迷於取代母親地位，瞞著媽媽和爸爸單獨相處的角色扮演遊戲中，無法自拔。

不斷重演的痛苦遊戲

在精神分析的領域中，判斷當事人的行為符不符合社會道德規範並沒有意義。精神分析師的工作不是根據某種標準判斷當事人是什麼樣的人，而是做一名好的傾聽者。假如當事人正處在一段社會大眾無法接受的關係中，精神分析師卻督促當事人結束那段關係，儘快找一個好的對象，建立和睦的家庭，這樣的行為不能夠被稱為是精神分析，而是一種以讓當事人適應社會為目的，所進行的保守派心理治療。

精神分析的目的並不是要改善當事人的社會關係，或是讓當事人去順應社會的規範。精神分析的重點是放在當事人內心的衝動與欲望上，過程中不應該有個人道德觀的介入。畢竟這個問題擴大來說是這個社會下的產物，因此不能夠單純從個人心理問題的角度和主觀意識去作判斷。與其說衝動是一種本能，應該說它是源自於社會結構和個體環境中的話語行為。

精神分析的目標並不是要改善昭熙這段不被社會接受的禁忌戀情，而是要去理解昭熙的衝動和欲望。假如昭熙很清楚自己為什麼無法抗拒這種衝動並享受其中，也清楚自己為什麼無法向前邁進，依然停留在原地進行著屬於她的復仇，卻還是一再重蹈覆轍的話，這就不是單純的道德問題了。這和在不知情的狀況下作出選擇是完全不同的概念，假如明知道背後的原因還是作了這樣的選擇，就代表她早就作好承擔所有後果的決心。

昭熙在諮商的過程中，對自己和愛人的欲望有了更進一步的了解，為了正視愉悅感在這段關係中帶來的虛構性（幻想）和空虛感，昭熙付出了相當多的努力，後來也表示自己想要終止這場不斷重演的痛苦遊戲。昭熙告訴我，她之所以會選擇結束這段關係，並不是因為人們對她道德上的指責，而是想結束因為自己內心深處的衝動，一直陷入這種關係的模式，也想靠自己的力量撐過對方離開後所帶來的空虛感，並努力去愛人。她不是為了想成為人們口中的「好人」而努力，而是了解到自己正因為潛意識的影響，過著奴隸般的生活，並對這樣的人生感到失望。

如果要將對過去人生的幻滅感變成新生活的動力，就需要和以前全然不同的快樂經驗，而這樣的經驗，只有全心全意關注著自己的人才體驗得到。

對他來說，我是什麼人？

「只要討論到關於擁有的問題，就缺少不了嫉妒和妒忌。無論是男是女，嫉妒都會以最激烈、最原始的感情支配著我們。」

「對他來說，我是什麼人？對他來說，我算什麼？」

對女性來說，這個問題似乎具有相當重要的意義。對男性來說自己是什麼樣的存在，男性又是怎麼看待自己的，對女性來說十分重要。因此即便是談過無數次戀愛的女性們，依然會滿臉困惑地提出這樣的疑問。

有一對夫妻經常發生激烈的爭吵，就算吵架時父母親就在身旁，或是有朋友在場，他們也絲毫不留情面。兩個人一旦吵起架來，就像不停咆哮的猛獸一樣，將對方咬得遍體鱗傷。神奇的是他們吵成這樣還是能一起過日子，而更諷刺的還在後頭，這對夫妻從來沒想過要離婚。

為什麼會這樣呢？因為對這對夫妻來說，吵架的理由一點都不重要，重要的是他們在吵架的過程中，時時刻刻都看著對方，不曾把目光移開過。

詢問欲望的對象

我想大部分的人都認為要建立理想的夫妻關係，就要以充滿愛的目光看著另一半，擁抱著彼此。但其實維持一段關係的方式，會根據每個人的內在結構有所不同。

如果一對夫妻經常吵架，妻子會深信只要丈夫改變成自己想要的模樣，他們就能夠變得幸福，但這個觀念是錯的。如果一對夫妻之中，有一方脫胎換骨，完全變成另一個人，狀況會如何呢？過去夫妻之間充滿「衝突」和「互相攻擊」，這樣的心理機制一旦消失，覺得對方枯燥乏味的機率就會變得相當高。

同樣的道理，曾因為和婆家之間的衝突飽受痛苦的妻子，在婆媳問題全部消失之後，或許會認為自己終於能過上幸福的婚姻生活，也能夠喘口氣，享受沒有婆媳問題的寧靜，但與此同時，她也有很大的可能性會對一直以來奮力爭取的丈夫失去興趣。假如在婆媳間的戰爭停止後，能把過去所有以不健康的方式消耗掉的精力，全都放到自己身上，尋找自己未來要走的路，當然會是最理想的狀態。如此一來，還能透過這段過去，讓自己躍升到更高的地方。但要抵達那樣的高度並不是一件容易的事，因為要靠自身的力量，認知到自己與他人的關係之中不斷反覆的欲望結構非常困難。女性們只是不斷地想要得到這個問題的答案。

「對他來說，我是什麼人？對他來說，我代表著什麼樣的意義？」

這樣的問題就等同於不斷問著「我是女性嗎？」，為了得到這個問題的答案，女性不斷地朝著男性想要的狀態作出改變，努力想成為男性想擁有的對象。

我曾經在某本書中看到過這樣的例子。

當一名女性在路上看到一對情侶，且認為那對情侶中的男性十分有魅力的話，這名女性的目光不會停留在那名男性身上，而是會轉而看向他身邊的女性。相反地，假如是一名男性在路上看到一對情侶，並對那對情侶中的女性有好感的話，這名男性只會注視著自己看上的女性。

雖然在這個例子中，無論是男性還是女性都會把目光放在情侶中的女性身上，但男女雙方的理由並不同。女性之所以會關注和自己同性別那一方，是因為她的重點放在那對情侶的關係上，她快速地打量該名女性，想看出對方身上究竟有什麼吸引男性的特質。她好奇的是那名有魅力的男性被什麼樣的女性所吸引，進一步審視自己是否也擁有與該女性相同的特質。

與其要說女性的終極欲望是稱之為男性的特定對象，應該說她追求的是不存在於自己身上、充滿魅力的「某樣東西」。簡而言之，女性的欲望或許就是不斷地追求自己缺乏的事物。

女性化妝品廣告就明白地展現了女性的欲望。這類的廣告會請來面容姣好的女藝人，滿足女性們認為只要擦上該名藝人所使用的化妝品，就能離她們所擁有的美麗更近一些，或是變得和她們一樣亮麗動人的幻想。雖然她們理智上也很清楚，就算是用同樣的化妝品，也不可能搖身一變，成為廣告中的女藝人，但這樣的行銷手法還是足以刺激女性內心深處的渴望和幻想。這也是為什麼女性在面對同性時，心中會同時產生親密感和競爭心態。

之所以會產生這種矛盾，是因為女性在面對一名對男性有吸引力的對象時，自然會有嫉妒心態，但同時又因為同樣是女性，會產生一種惺惺相惜的親密感。此外，在一段關係之中，女性經常是將欲望和幻想表達出來的那一方。

在電視劇中經常會看見女性因為丈夫或戀人外遇，找上外遇對象，揪著對方頭髮理論的場面。不過按照常理推論，要算帳應該是要找直接傷害了自己的男性才對。女性卻會因為嫉妒外遇對象睡不好覺，甚至深陷想要毀了第三者的想法之中。這是因為女性更在乎打敗了自己，將伴侶迷得暈頭轉向的第三者身上有什麼特質。也正是這種執著和欲望，讓女性將復仇的對象定為第三者，而非自己身邊的那名男性。

我想再次強調的是，女性的欲望不在於擁有某個特定對象，她真正想擁有的是吸引另一半的某個特質。而這樣的特質，對這段關係會有很大的影響。

三角關係與幻想

因為上述的原因，女性通常都很在意過去和心愛的人交往過的是什麼樣的人。再不然就是對丈夫的母親，也就是那位跟自己丈夫密不可分的女性——婆婆產生嫉妒心或競爭心態。在這一點上，婆婆的心態其實跟媳婦是一樣的。女性們經常會突然提起早就和另一半分開，已經沒有任何關係的前任。將根本就不存在於現實生活的前任召喚出來，在這段三角關係之中為了根本就看不見的事物爭搶，或嫉妒起對方來。而這樣的嫉妒有時會讓女性失去理智，對另一半發火，甚至是表現出敵意。越是愛對方，就會對另一半喜愛的人事物，或是自己所缺少的東西產生過度的執著，嚴重的話可能會產生不如直接毀掉另外一半的欲望。

女性不停地幻想自己和愛人之間有另一名女性存在，並為此感到孤獨和悲傷。這個幻想裡頭有一名少女，她期待著未來的某一天，會有某位男性出現在自己身邊。那一名男性知道她有多麼珍貴，也願意拋下所有的過去，只選擇她一個人。

相反地，男性並不會在乎什麼樣的人能夠吸引自己的理想對象，他們只會把目光放在吸引自己的女性身上。這其實是非常單純，也非常目標取向的行為。比起成為什麼樣的人，想辦法擁有對方才是一般男性會有的心態，也是種強迫性的欲望。

有些已婚女性因為不想要再繼續當「丈夫的另一半」，所以選擇讓自己被照顧孩子的大小事給淹沒。表面上看起來，她們是身陷育兒的痛苦之中，事實上卻是她們延續已喪失的愉悅感最簡便的方式。「對另一半來說我是個什麼樣的人？」這問題其實應該要能自己回答才是。有能力自己回答這個問題，才能擺脫成為「男性或丈夫的另一半」的想法，產生想單純做自己的欲望。提出「對他來說，我是什麼人？」的疑問本身並沒有問題，但如果過度執著於這一點，不停地向對方討要答案的話，兩人之間就會產生問題。也正因為這是個對方無法回答的問題，男女之間的問答遊戲大概會一直重複到世界末日那一天。

關於擁有的問題

「我們明明就能擁有星星，為什麼總是貪戀那顆月亮呢？」

——電影《揚帆》

男女用不同的方式表達對彼此的欲望，但其實無論是哪種方式，都跟「擁有」息息相關。男性將女性視為能夠彌補自身不足的存在，可能是保衛自己的城牆，又或者是滿足自己性欲的對象，男性想要擁有女性正是為了要滿足這些渴望。而女性則是想要吸引男性的目光，想要擁有對方想要的對象的特質。

只要討論到關於擁有的問題，就缺少不了嫉妒和妒忌。無論是男是女，嫉妒都會以最激烈、最原始的感情支配著我們。這是在對象和愛情的問題上無法避免的感受。嫉妒裡頭還有競爭心理，西格蒙德·佛洛伊德曾說過這種競爭心理是源自於某種恐懼，之所以會產生這種恐懼，是因為人們暗自認為某樣東西是屬於自己的之後，會開始害怕某天可能會失去它，或者必須要和他人分享。如果要再更進一步作說明，法國精神分析學家保羅—羅宏·亞舜（Paul-Laurent Assoun）曾這麼說過：

「為了滿足自己執著的欲望，和積極想要尋找能滿足自己的對象的欲望有相當大的關聯性，這股欲望就像股無法克制的力量般爆發出來。因此如果陷入這一種對某些人事物充滿執著的狀態，就成了病理層面上的問題了。」

保羅—羅宏．亞舜區分了「嫉妒」與「妒忌」的不同，並對這兩者作了進一步的說明。「嫉妒」的對象是擁有了自己沒有的東西的人（與實際上是否擁有並無關聯），也就是對他人的一種情感。而「妒忌」則是把重點放在某人得到的某樣珍貴事物上時所產生的情感。因此女性在以男性為中心的狀態下，就會相當在意其他女性，兩名女性之間也經常會充滿嫉妒。不過也有一些女性會在潛意識裡對另一半產生妒忌之心（例如妒忌對方的才華或能力），並為此陷入矛盾。

那麼現在該對自己提出疑問了吧！

「現在我的心和視線集中之處在何方？我被什麼樣的執著鎖鏈給捆綁住？我正努力追逐的東西具體又是什麼呢？」

身在受虐關係中的人

「我們的社會越是進步，越是文明化，內心反而會變得更加空虛。內心變得越是空虛，施虐者的獵物就越多。」

敏善是在ＩＴ公司工作了三年的上班族，因為業務特性的關係，她的工作環境裡男性比女性的人數還要多上許多，但即便職員男女比例懸殊，敏善這幾年來也未曾有過不適應。但某天受到人事異動的影響，敏善所在的部門組長有了變動，而這位新上任的男性組長自此之後成為了敏善痛苦的源頭。這位新組長在公司裡頭並沒有什麼不好的傳聞，比起嚴厲的上司，大多數人對他的印象反而是個斯文人。也正是因為如此，敏善就算想找個同事訴苦，談論自己和組長之間的衝突也相當困難。

從某一刻開始，敏善只要到組長面前就會變得畏畏縮縮，就連想說的話都說不清楚。敏善表現得越是畏首畏尾，組長就會刻意將敏善的小失誤放大，並直接表現出他對敏善業務能力的不認同。隨著日子一天天過去，組長施加給敏善的壓力和他的心理戰策略變得越來越嚴重。組長的位置就在敏善身後，他經常大力敲打鍵盤，甚至用幾近丟東西的方式放東西，進行著只有敏善感受得到的暴力，讓兩人之間的氣氛變得越來越糟。敏善表現得越是畏縮，組長的氣焰就越是高漲，針對敏善的欺壓和要求也越來越過分。而組長甚至還用自己是為了幫助敏善成長，才會如此嚴厲地教導她來解釋自己不合理的要求。

身處這樣的環境，敏善覺得自己已經無法再繼續待在公司了，她開始懷疑起自己是不是有什麼問題，才會落得如此下場。為此感到痛苦不已的敏善最終來到了諮商室。

聽完敏善遇到的狀況後，我能很強烈地感覺出敏善的上司內心隱藏著施虐型人格，這樣的人會在潛意識裡，透過施虐的過程感受到快感。他們兩人就好像是被黑洞吸入後，隨著關係齒輪的咬合，重複著刺傷對方和被刺傷的狀態。

無限反覆的潛意識告訴我們的事

在我們遇到特定的對象，或是處於特定的環境下時，會下意識地作出我們自己也無法理解的反應。

敏善的父親是一位經常使用言語暴力的人，敏善的成長過程就一直處在這樣的環境下，面對父親語言上的壓迫、挖苦和嘲弄。

敏善的父親在對待自己的妻子時也是如此，經常說一些會傷害到對方的話。就算只是在開玩笑，話中也一定會帶著嘲諷。敏善的母親在這樣的夫妻關係裡頭過得十分痛苦，同時也對這些行為感到害怕。但到最後，兩人爆發了爭執，而更令人難以理解的是，敏善的母親有時甚至會故意刺激丈夫。因此敏善選擇了逃避，只要在父親面前她就會沉默不語，迴避和父親的對話。

人類其實有被引入相同相處模式的傾向，在非相似類型的人面前，多數人都不會表現出自己過去畏畏縮縮，受虐的那一面，但只要遇見了形象類似的人，畏首畏尾的情況就會變得越來越嚴重。

假如敏善表現得很好，父親就會指責她為什麼不能做得更好，假如敏善表現得不好，父親又要責備她怎麼表現得這麼糟糕。只要聽到父親這些尖銳的話語，敏善就會變得十分怯懦。平常跟朋友們在一起的時候還能開開玩笑，開心地玩耍，但只要到父親面前，敏善就會立刻變得畏縮。明明說出來也無妨的話，也都全吞進心裡，消失得無影無蹤。長大成人後，敏善和父母親的關係逐漸變得疏遠，但也正因為沒有從父母親那接受到任何刺激，敏善便安穩地過著她的生活。但和父親形象相似的上司來到敏善周圍後，那些早已拋諸腦後的過去，和總是表現得十分怯懦的狀況再度上演。敏善和職場的上司彷彿重演了當年父母親之間的相處模式，開始了一場你追我跑的遊戲。敏善成了過去從父親那承受了極大壓力，變得畏畏縮縮的母親，再度被那些冷嘲熱諷和爭吵聲給淹沒。

我所定義的「虐待關係」是指施虐者在虐待受虐者的過程中，滿足了自己潛意識中的虐待心理，以及利用雙方關係之中的權力和權威，將對方逼入受虐者的境地。此時施虐者得到的滿足感是指性滿足。

大多數的人都會誤以為只有性虐待或進行性行為才能得到性滿足，但人類能夠得到性滿足的方法其實有非常多種。就算沒有真正發生肉體關係，在很多情況下也能夠獲得性滿足。吃喝東西、發出聲音或做出某些動作等，其實都能夠看作是人類性能量的釋放。在所有用到最多性能量的行為當中，其中一種便是施虐與受虐的關係。就算沒有真正進行性行為，在這種虐待關係之中釋放的性能量，也能帶給人不亞於性行為帶來的快感，這稱為「無意識的性快感」。

越空虛就越嚴重的施虐現象

職場上司與下屬、神職人員與信徒、教師與學生、父母與子女、夫妻和戀人之間都經常會發生這樣的狀況。職場上司仗著有權勢，在教導或照顧下屬的同時，要求他們為工作作出犧牲。上司們在自身的權威和早已名分化的信念之中，會要求下屬們給予自己超出一般理解範圍的關心，暗中慫恿他們獻出一切，同時隱隱約約地對下屬們施加壓力，不斷地灌輸必須要忍耐某些事情，才能夠有所獲得或成就的想法。

一般來說，這類人大多不會意識到自己正在做著這樣的事，因為並沒有什麼具體的研究向人們說明，人類還能夠透過什麼樣的方式得到性快感。就算是精神分析專家，有時也不知道自己會在什麼樣的關係中，或透過什麼樣的方式獲得性快感，這樣的事例我也看過不少。

我們的社會越是發達，越是文明化，內心反而會變得更加空虛。內心變得越是空虛，施虐者的獵物就越多。因為太過直接的性剝削，會讓犯罪事實過於明確，加上其結構並不複雜，很容易就會顯露出來。只要被害者鼓起勇氣揭露加害者的犯行，罪行立刻就會暴露於世人眼前。但在一段關係裡，透過別種方式悄悄享受著性滿足的人就不同了。在這樣的狀況下，被害者很難揭發加害者的虐待行為，要讓人們重視這件事，甚至是進一步作處理就更困難了。除此之外，在某些關係中，透過虐待獲得性滿足的多數人，在進行性行為時並不會有暴力或虐待的傾向，這也是這種類型的暴力非常難被發現的理由之一。

除了肉體上的接觸之外，人們也經常嘗試透過別的途徑獲得性滿足。一般而言，下意識透過施虐行為獲得性滿足的人，日常就經常會有批評他人的行為，讓周圍的人覺得受辱。這類型的人對於找出他人話中的矛盾，或是任何能夠蔑視他人的事情，有著相當卓越的直覺。一旦被他們咬住，就會成為一隻無處可逃的小老鼠。這些人就算得到了社會的認可，有著優雅的嗓音和姿態，但他們也絕不會相信任何人，他們永無止盡的疑心甚至到了有些偏執的地步。

潛意識會記得許多事情

卡倫．荷妮曾說：「追求性滿足的人會無視這樣的狀況是源自於對自己的指責，和下意識表現出來的輕蔑態度。他們會選擇懷疑對方，且誤以為這種疑心是出自於自己靈敏的直覺。但當他們只要有一點點被剝削的感覺，就會表現出不同於常人的瘋狂狀態，並為此感到憤怒。」不過這類人的生活中，基本上已經沒有什麼緊密的關係了。周圍的人漸漸會因為承受不了壓迫離他們而去，再也沒有人會為他們付出真心，和他們建立關係。假如這些人有著較高的社會地位或名聲，便會有一些出於必要和他們維持關係的人，但只要對方不再需要，這段關係便會結束。除此之外，唯一有可能還留在他們身邊的，就是困在被控制和被虐待的關係中，走不出來的受虐者。

敏善在心理諮商的過程中，仔細地探究了自己為什麼會在這個時間點，重複了父母親的關係模式。我們在其中發現一個神奇的現象，那就是敏善的年紀。

敏善重演父母親關係的年紀，正好就是她的母親遇見父親並結婚的年紀。這樣的狀況在精神分析的過程中並不少見。這是一種潛意識的哀悼，我們的身體和潛意識會記住許多意識來不及記住的事情。

從精神分析的角度來看，敏善在重複著想要讓自己和父親或母親成為一體的欲望。敏善就像被吸入黑洞裡頭的人一樣，和表面上明明跟父親完全是兩個不同個體，心理隱藏的特性卻相似的上司，重複著父親和母親之間的關係。這樣的狀況可以解釋為敏善將自己代入了母親的角色，引來一個和父親相似的人，重演了一段施虐者與受虐者的關係。假如敏善沒有發現自己的狀態不對，裝作什麼事都沒發生，無視自己所受的痛苦的話，她未來可能還是會陷入相同的關係之中，甚至引來與父親和上司相似的人，並步入婚姻。

將痛苦當作是愉悅時

「我們必須要從另一個角度去理解『享受』這個詞的概念，如此一來『享受痛苦』這句話才能夠成立。」

精神分析領域相當重視痛苦與快樂之間的關係，拉岡學派的精神分析更是如此。接下來我會舉一個較片面的例子，來解釋何謂精神分析領域所指的快樂。

當我自己待在諮商室的時候，整個空間會變得無比安靜，甚至還有些冷清的感覺。或許是因為已經習慣了這樣的寂靜，我平常並不會對此有什麼特別的感受。但假如隔壁的辦公室正在進行裝潢工程，從牆的那頭傳來的電鑽聲，就彷彿是直接刺入了我的耳朵裡頭，這樣的噪音會讓我感到極度的不適，並為此感到相當痛苦。電鑽的聲音持續了一陣子後停止的那瞬間，我重新獲得了寧靜，但這樣的寧靜跟平常的安靜是無法比擬的，遠離噪音後的寧靜讓我全身的細胞充滿了甜蜜的愉悅感。我們可以從這個例子了解到，處在痛苦的狀態一段時間後，會在結束痛苦的那一瞬間感受到極度的快樂。

沒有人有辦法在感到痛苦時，還能夠樂在其中，想必也沒有人有辦法享受自己不幸的境遇。但總會有某些狀況會悄悄從痛苦或不幸的隙縫中潛入，讓那些痛苦和不幸暫時停下，在那個瞬間，我們的感官就會充滿愉悅感。這就是有些人會刻意一直讓自己處在痛苦狀態之中的原因，這類型的人並不知道自己正像著了迷似地，為了享受那份微不足道的愉悅感，付出著某些代價，而那個代價就是要承受巨大的痛苦。

禁忌會強化愉悅感

有一名青年因為母親過於頻繁的嘮叨而飽受痛苦，母親的嘮叨有時充滿了擔憂，有時則充滿了怒氣。為了保護自己不被這些言語給影響，他在不知不覺中表現出了潔癖症的症狀。

這名青年只要一回到家，就必須立刻進浴室洗澡，把穿過的衣服全脫下來放在客廳裡，最後還要用面紙包住門把，才有辦法開門進入自己的房間。就像是被逼迫著這麼做一樣，青年日復一日地做著這些行為。而青年的母親並不知道兒子會有這些舉動是因為自己，只把這當作是兒子對他父親的反抗。暫且不論潔癖症狀會出現的原因，這名青年其實對這樣的自己和生活模式並未感到一絲不適。表現出潔癖症的症狀之後，母親不再嘮叨個不停，青年也在這樣的結果下感受到了愉悅。就像前面所提到的一樣，這種愉悅是禁忌和痛苦的另一面。這也是為什麼精神分析學家們會說當痛苦之中只有痛苦時，人類不可能會選擇持續承受。

在電視上經常會看到年輕的新婚夫妻公開他們婚姻生活的綜藝節目，在看這樣的節目時，我時常看到一個有趣的現象。妻子會限制丈夫做某些事情，當丈夫違反了這樣的規定，妻子就會叨念個不停。認為丈夫酒喝太多的妻子，就會對「酒」這個東西表現得非常敏感，丈夫喝酒時也會看妻子的臉色。妻子不斷限制丈夫做大大小小的事情，這樣的行為就像一位母親在替兒子設下規矩一樣。從那些夫妻的互動中，我們可以看出有些女性會認為在某種程度上限制另一半的行為，是當一名好女人或好太太理應要做的事情。

在這類的綜藝節目中，也會看到丈夫就像在看媽媽臉色般看妻子的臉色，同時試圖想要鑽那些禁令的漏洞。不過在大部分的情況下，妻子的嘮叨會強化丈夫對做某件事的欲望，以及做完那件事後帶來的愉悅感。假如妻子的限制（或嘮叨）在合理的範圍之內，丈夫違反規定時的行為也沒有太過頭，這樣的相處模式說不定還能夠變成夫妻之間，類似你追我跑的小遊戲，反倒能維持夫妻間些微的緊張感。只不過想要界定所謂合理範圍並不容易，因為那之間的界線實在太過模糊了。

與自尊心無關的快樂

人類並不會放棄快樂。我們只是還未察覺到快樂的本質、模樣和形成的方式而已。為了掩飾人生有多麼無聊，多麼沒用，又是多麼艱難，世界才會如此忙碌又精確地運轉著。彷彿在逼著我們一起前進，告訴我們要達成多少目標，又要過著多麼成功的人生才行。我們不能對成功會帶來快樂這件事產生任何一點疑心，要當作人生真的有個必須到達的地方，為了前往那處不停地向前奔跑才是。就算沒有做出什麼了不起的成就，也不能讓人生出現一點漏洞，不能對自己產生懷疑，誤以為自己是個虛無又毫無用處的存在。為了達成這樣的目標，人們會像被逼迫似地做出某些行為，且讓自己一直處在不安的狀態下。

孩子原本就是會有不足，會引起問題的存在，將所有注意力都放在孩子的問題上，總想著要逐一解決這些問題的話，會覺得事情沒完沒了，看不見能夠將問題全數解決的一天。就像補習班裡也有分不同科目一樣，心理治療也有許多種不同的類型。媽媽們就像到補習班上課一樣，不停地尋求情緒治療、認知行為治療、社交能力治療和語言治療等心理治療的幫助。為了隱藏人生的空虛、無意義和艱難，媽媽們選擇了最簡單也最快速的痛苦，在潛意識中享受著艱難的生活。

一名女性認為丈夫對自己而言已經沒有了存在的意義，但她對孩子發展問題卻表現得非常執著，找遍了在該領域具有高知名度的醫師們。但在向許多名醫諮詢過後，該名女性了解到其實孩子的問題並不嚴重，那只不過是一般小孩成長過程中會出現的問題而已，後來那個問題也沒有再發生過了。按照常理來看，孩子的母親應該會為此感到安心，不再焦躁不安，但事實並非如此。這名女性突然有了必須為丈夫生第二個孩子的想法，但她同時又對自己的身體還沒準備好要懷第二胎而感到不安。我當時對那名女性說了這樣一句話：

「您很認真地在過生活呢！」

那名女性用非常驚訝的眼神看著我。每當有對孩子過度執著的母親前來諮商，我都會要求她們減少對孩子的關心。每當我給出這樣的建議，得到的回覆通常都是「身為媽媽怎麼可以不關心孩子呢？」，但我所謂的減少關心並不是指減少對孩子本身的關心。對孩子的愛和關注當然可以維持原樣，但不要過度地審視孩子的一舉一動，因為將所有的注意力放在枝微末節的小事上，反倒會不小心忽略掉事物本身。畢竟孩子會引起的問題不是一兩樣，母親如果總是埋首於無足輕重的細節，就算付出了再多的時間和熱情，在某種程度上還是忽視了孩子。

許多這樣的女性在聽見他人對自己的讚美或良好的評價時，會下意識地否認並拒絕相信其真實性。甚至還會說出像是「那是因為你不了解我，假如你知道我是什麼樣的人，就說不出這種話了」這類的話，即使她本人可能也根本不清楚自己是什麼樣的人。除此之外，她們也總會覺得自己正在隱藏著某些不可告人的事情，同時被這種虛無的不安感折磨著。她們會認為這種不安感純粹是因為自己自尊心低落才會如此，因此開始閱讀有助於提升自尊心的書籍，又或者是尋求專家們的幫助。但事實是這些女性從一開始就搞錯了方向，這些努力可說是白忙一場，因為那種不安感其實也是一種快樂，而那種快樂和自尊心沒有絲毫關聯性。

這些女性所感受到的不安其實並不是源自於本身的人格缺陷，而是因為她們正極力隱藏著某件事，也就是她們其實正享受著某種自己其實也不太清楚，無法用言語表達的快樂，這些女性之所以會感到不安的真正原因，正是害怕這樣的快樂會被發現。她們其實不害怕人們會發現自己醜陋的真面目，她們真正害怕的是被人發現自己沉溺於不合常理的快樂之中。事實的揭露會對這份快樂構成可能被破壞的威脅，同時也意味著當事人可能會被迫停止這樣的行為。

痛苦成為愉悅的瞬間

許多母親將自己的人生都花在孩子身上，透過沒有停歇的身體勞動，含辛茹苦地將孩子們拉拔長大。在孩子們都長大成人後，這些母親們在經濟層面上變得寬裕許多，但她們還是不願意休息，堅持要繼續工作，或持續身體上的勞動。孩子們要母親好好休息，下半輩子好好享受自己的人生，盡情享用美食，四處遊玩，但母親們很難一下子就改變自己的生活方式。

她們選擇繼續工作，嘴上卻繼續埋怨著工作有多辛苦，身體上的勞動有多麼累人。其實在這樣的情況下，孩子們心裡只會更過意不去，他們想遍了各種方法想解決這個問題，母親卻還是依然故我，一副飽受折磨，為家庭犧牲了一切的姿態。這就是用最傳統的方式學習「享受」這個概念的結果。

有一名女性正坐在高級餐廳裡，她身穿華服，以優雅又從容的姿態聽著音樂，享用著眼前的牛排。無論在誰的眼裡，那名女性看起來都很享受這個瞬間。而在這名女性的身旁，有另一名女性正蹲坐在地上，做著她的清掃工作。同時看著這兩名女性時，會感受到極大的對比，使得正在打掃的女性看起來十分不幸。但假如唯有找出沒清掃到的灰塵，並將它清理乾淨，才能夠讓這名女性全心全意付出心力去做呢？假設清理灰塵的工作能夠讓這名女性獲得某種愉悅感或是快感，就算立刻替她穿上優雅的服飾，再端一道高級料理到她面前，讓她能夠一邊聽著音樂，一邊享受美食，這名女性可能也會覺得枯燥乏味，因為她眼裡只看得見在地上滾動的灰塵。與其要承受這種不自在感，她倒不如回家將優雅的華服脫下，再換上工作服回到工作地點，將出現在她視野範圍內的那些灰塵全都清得一乾二淨。假如這名女性能夠從讓空間變乾淨的工作上感受到喜悅，即便是在打掃，她也同樣是在享受當下。

我們經常會用合乎常理的印象和固有的觀念來判斷他人的人生，在過程中也會產生誤解。在精神分析領域裡頭，「享受」著重的地方是跳脫普遍性和象徵性印象的框架，單指某一名個體獲得快感，並樂在其中的行為。我們必須要從另一個角度去理解「享受」這個詞的概念，如此一來「享受痛苦」這句話才能夠成立。

假如兒女們要勞碌了大半輩子的母親好好休息，也告訴母親如果繼續這麼辛苦工作，他們心裡會很不好受，同時也會感到手足無措，不知道該怎麼辦才好，但母親還是堅持己見的話，這樣的選擇就成了一種自私的行為，因為這代表母親不願意放棄自己的快樂。假如母親能夠為了孩子們停下無止境的勞動，好好休息的話，這就成了一種願意放棄自身的欲求，成就他人快樂的舉動，這是只有深愛著另一方的人才能做得到的事。

身而為人，我們之中的多數人其實都非常相似。不管我們享受的快樂是什麼形態，也不管想干涉的人是誰，我們都無法輕易放棄自己心中那隱密的快樂。簡單來說，從這個角度來看，我們每個人都是自私的。這是我們很容易掉進「痛苦之中只有痛苦」陷阱的理由，也是我們必須要綜觀全局去分析痛苦的原因。

理想的關係並不存在

「靠著想像獲得的滿足不是真正的滿足，而是假想的滿足。」

三十歲的賢奎和以結婚為前提交往的對象之間產生了嚴重的矛盾，賢奎對於要怎麼持續這段關係感到苦惱，於是輾轉來到了我的諮商室。賢奎認為偶然遇見的現任女友就是自己的真命天女，因此全心全意地為她付出，努力想讓對方感受到他真切的愛意。賢奎每天早上都會開車到女朋友家載她去上班，下班的時候也同樣會到女朋友的公司門口，開車將她送回家，賢奎就這樣每天接送女朋友上下班，持續了長達一年多的時間。

而他們兩個人之所以會產生問題，是因為每當賢奎無法接送女朋友上下班時，她的態度就會變得非常冷漠。因為心中已經認定現在的女朋友就是自己未來的妻子，賢奎非常認真地對待這段感情，但隨著日子一天天過去，女朋友的各種要求讓賢奎的壓力變得越來越大。

因為無論怎麼努力都無法滿足女朋友的要求，賢奎經常覺得十分挫敗。我看著這樣的賢奎好一會後，開口問他急於結婚的理由，因為以近年來的狀況來看，晚婚似乎已經成為趨勢。賢奎告訴我他覺得自己和女朋友很合得來，也很喜歡她。另外還有一個理由就是只要和女朋友結婚，他就能夠擺脫父親的控制，也能逃離現在的家。其實有相當多的女性都是為了逃離原生家庭才選擇結婚，賢奎也是如此。賢奎滿心期待著能早日步入婚姻，建立一個屬於自己的家庭，但女朋友的種種行為卻讓他對兩人是否真的能攜手共度一生產生了懷疑。

在聽賢奎敘述兩人的相處情況時，我得出了一個結論，賢奎的女朋友是一位「鏡子少女」。賢奎的女朋友會透過另一半對自己無微不至的照顧，以及各種貼心的舉動和保護，感受到自己是一個討人喜歡，且很不錯的女人。當那面讓自己看起來美麗又可愛的鏡子出了點問題，又或者是做出讓她不開心的行為，「鏡子少女」就會忍不住口出惡言，變得刁蠻。

有個願意在地獄般的上下班時間接送自己的男朋友，其實應該要心懷感激才是。假如看見男朋友露出了疲憊的神情，也要思考一下自己一直以來是否從未為對方考慮過半分，光是接受對方的付出而已。不過賢奎的女朋友似乎只把賢奎當作是映照出自己美好模樣的鏡子，完全沒有思考過這個問題。她把自己當成是被傭人服侍著的少奶奶，認為自己本來就該被其他人照顧，這樣的心態是從幼兒時期的自我狀態演變而來的。

想得到關愛的內在小孩，鏡子少女

拉岡稱幼兒的自我狀態為「鏡像階段」，又或者是「想像界」。「鏡像階段」發生在還無法掌握自己的身體或狀態整體性的六到十八個月嬰兒身上，說得簡單一些，就是嬰兒在鏡子中看見了自己的影像，為此感到興奮並表達出來的階段。因為他們無法看見真實的自己，所以會將鏡子中映照出來的影像當成是真正的自己，並為此感到開心。

其實所有成人都有這種「鏡中自我」，沉醉於他人映照出來的自己是一種幼兒時期留下來的痕跡，這可能會發生在任何一個人的身上。但也有不少個案顯示有些人會一直停留在「鏡像階段」裡頭，在每一段人際關係之中，都執意要對方成為映照自己的鏡子，這種狀況在戀人、配偶和朋友關係之間又更常見。

假如他人沒有辦法讓我覺得自己是被人深愛著、被人保護著的少女時，心中就會冒出自己會跟著那個少女，一同消失得無影無蹤的不安，最後把自己和他人都弄得筋疲力盡。到頭來，周圍的人淪落為映照自己的工具，就算能靠著這些工具不停映照出美好的自己，但鏡子裡頭的那個少女終究不是真正的自己，「鏡子少女」不過是個某天鏡子消失時，跟著消失不見的形象。如果光是看著自己的形象過活，真實世界的人事物就會被她排除在外。

賢奎女朋友這種類型的女性，就算結了婚，建立了和睦的家庭，她的丈夫和孩子也很有可能會被當成是負責映照她的鏡子。和僅靠鏡中形象過活的「鏡子少女」建立了關係的人，就會跟賢奎一樣覺得被對方冷落，並為此感到孤單。令人感到遺憾的是當「鏡子少女」們的鏡子碎了，她們並不會自己嘗試修補四分五裂的形象，對她們來說，與其作這樣的努力，不如重新找個能替自己拼起碎片的對象。

那為什麼賢奎會對「鏡子少女」情有獨鍾呢？正如我前面曾經提到的家庭背景，賢奎從小到大都活在父親的控制下，即便今年已經三十歲了，父親控制賢奎一舉一動的狀況也沒有改變。正因為父親連學校和工作都替他決定好了，所以在賢奎的成長過程中，根本沒有任何機會為自己作選擇。當然，會造成這樣的情況也是因為賢奎已經徹底被父親洗腦，認為自己如果沒有走父親安排好的那條安全、穩定的康莊大道，他做什麼都會失敗。

因此，賢奎親自去體驗、完成某個目標，和親自感受的能力都已經變得十分遲鈍。在這樣的情況下，他遇到了這名對所有事都表現得十分積極的女性，賢奎遲鈍的感覺接收到了刺激，並在愛情裡頭感受到了幸福。不過久而久之，女朋友的要求和行為越來越過分，賢奎也開始對這樣的關係感到疲憊。

仔細分析賢奎和他女朋友之間的關係，其實就是兩個內心都缺了一塊的孩子聚在了一塊，完完全全地依賴著對方。假如這樣的依賴關係成為了支持彼此的梁柱，想必會是個最美好的結局。但孩子畢竟是孩子，他們只會注意自己的需求，並不在乎對方真正需要的是什麼，也正是因為這樣，他們的關係才會一步步往悲劇收場走去。

一段失去「我」的關係

接下來我要談一個與上述情況相反的例子。二十多歲的夏妍遇見了自己的理想對象，對方無論是外貌還是職業都完全符合她對理想情人的標準。最重要的是，只要跟男朋友一起出門，夏妍就會覺得自己似乎也成為像男朋友那樣的人，心中還會為此暗自竊喜。但不同於在外面彬彬有禮的形象，夏妍的男朋友在兩個人獨處時就會變得非常粗魯。只要男朋友要求，夏妍就要忍受粗暴的性關係。明明在約會，但只要朋友邀約，夏妍的男朋友就會立刻動身去見朋友，這樣的狀況發生的頻率相當高，夏妍的男朋友從來就沒有想過夏妍的感受。夏妍的男朋友彷彿將夏妍當成是個自己能夠呼來喚去，隨意處置的物品。

夏妍付出了自己的一切，想著只要能和這個人結婚，一切都會好起來。但和男朋友的相處模式讓夏妍心中不安的感受越來越強烈，兩人之間的關係也逐漸開始失控。最後，夏妍的男朋友因為受不了夏妍總是惴惴不安的模樣，向夏妍提出了分手。夏妍最害怕的事終究還是發生了。

夏妍因為男朋友的要求，長久以來忍受著粗暴的性關係，最後弄得自己滿身瘡痍。當初夏妍不敢拒絕這種要求，是因為害怕男朋友會永遠離開自己。平時夏妍也總是想著男朋友是不是已經不喜歡自己了，現在人在哪，又在做些什麼，光是思考這些事情就耗盡了夏妍所有能量，讓她整個人變得疲憊不堪。即便如此，身心俱疲的夏妍還是努力地想維繫這段感情，雖然最後迎來的還是已經為此不安許久的別離。被提分手後的夏妍，狀態差到就連要維持日常生活都有困難。

乍看之下，夏妍就像是一個為愛賭上了性命的人。夏妍根深柢固地認為失去愛情，被所愛的人拋棄，就等於是失去了一切，這樣的不安和恐懼在她的腦海中深深地扎了根，揮之不去。也正因為如此，夏妍才會在每一段戀情裡都付出自己的全部，雖然最後總是分手收場，徒留心頭的傷。許多女性都像夏妍一樣，毫無保留地為戀人付出自己的一切，並認為自己和另一半是一體的。在這樣的情況下，假如另一半離開了，這些女性的自我認同也會跟著消失一段時間。

過度依賴的關係中不會有滿足

夏妍和賢奎兩個人其實很類似，他們都不善於將注意力放在自己身上，也不懂得怎麼好好照顧自己。他們只會透過別人的眼睛來看自己，並為自己理想的形象感到滿足。假如一直陷在想像之中，就會很難分清楚自己和他人，認為只有滿足依賴對象的需求，自己才能夠存在。如此一來，我的幸福和不幸就絕大部分都會取決於他人的態度和行動，對方也就自然而然成了決定我是否能夠繼續存在的那一方。

這種依靠他人眼中的形象所獲得的滿足並不是真正的滿足，而是想像中的滿足。其實這種關係在夫妻之間也會發生，一方將另一方當成主人在伺候，維持著和平的關係。假如夫妻之間沒有什麼太嚴重的摩擦，可能還會誤以為這樣的關係是健康且圓滿的。

假如要求這類型的人將花在他人身上的心力轉移到自己身上，大部分的人都不知道該怎麼做。因為對她們來說，透過丈夫是否晚歸，是否有扮演好孩子爸爸的角色，以及對待自己的方式，就能立刻知道自己是個什麼樣的人了，她們不曉得要怎麼開拓其他的道路，去看見真正的自己。

而花在他人身上的所有心力，成為了這些女性逃避開拓新道路最完美的理由，也是最完美的不在場證明。腦袋裡裝滿家人就是要這樣，為人父就是要這樣的觀念，為了將丈夫打造成完美父親不停地要求另一半，不停地鬥爭著。如果孩子很聽話又很認真念書，這些女性就會因此感到幸福，但這樣的幸福也是轉瞬即逝，她們立刻又會變回一顆洩了氣的氣球，那個洩氣的洞會產生不安的情緒，讓她們再次進入戰場，繼續解決下一個問題。她們的人生就像這樣無限循環，過了一天又一天。

Chapter2

愛情對女人來說是什麼

——關於妻子所缺乏的

那也算愛嗎？

「在維持婚姻生活的同時，妻子如果不重新尋找必須和丈夫一起生活的理由，夫妻之間的關係就會變得跟殭屍一樣，空洞又毫無生氣。」

我希望女性們不要把丈夫在外面拈花惹草，最後還是選擇回到婚姻、家庭這個籬笆內的理由，誤以為是「因為他最愛的人還是我」。那些在外面找其他女人的男性之所以無法離開妻子，比起愛，應該要說是因為規則、秩序和法律等規範。因為比起女性，男性通常更容易被秩序和法律所約束。

當然，男性之中也有一部分的人會脫離最根本，也最強大的家庭秩序，享受禁忌的婚外關係，且為此感到樂此不疲。其實這些男性非常害怕破壞無論在根本性、社會性、象徵性上都是個強大法律的「家庭」，他們對破壞家庭的恐懼程度，女性可能怎麼想也想不到。而女性在這種情況下，可能會用「那也是愛啊」來自我安慰，但其實這只是一種試圖隱藏事實，放棄自我滿足，放棄自己的行為而已。而其中的關鍵人物就是蒙蔽了我們雙眼的「愛」這個傢伙。

女性在和男性維持婚姻生活的同時，如果不重新尋找自己必須和該男性一起生活的理由，兩人之間的關係就會變得跟殭屍一樣，空洞又毫無生氣。

只存在功能性的夫妻關係

智娟一直都認為自己和丈夫雖然不是什麼鶼鰈情深的夫妻，但兩人之間的相處也沒有什麼大問題。

但某一天，智娟的丈夫突然提出了離婚。這個消息對智娟來說簡直是青天霹靂，她的世界彷彿在一瞬間崩塌了，腦袋裡一片空白，感到茫然無措。在丈夫提出離婚後，智娟連續好幾個晚上都無法入眠，只是不斷地思考著「究竟出了什麼問題？為什麼這個男人要這樣對我？」，後來甚至還冒出不如死了算了的念頭。智娟費了好大的力氣才壓下想尋死的念頭，來到了諮商室。

智娟的丈夫是一名老實的上班族，智娟則負責照顧孩子們。對智娟來說，他們的婚姻生活算是非常穩定且和諧。雖然對丈夫還是會有一些不滿，不過智娟覺得人和人相處原本就會有些摩擦，既然沒有什麼特別的狀況，就專心照顧孩子，像現在一樣好好過日子就可以了。智娟作夢也沒想到丈夫居然會向自己提出離婚。

明明自己沒做錯什麼事，丈夫卻提出要結束婚姻，智娟的心情已經不是恐慌和委屈能夠形容的了。智娟的心中冒出無法抑制的怒火，但同時又因為害怕會真的離婚，只能不停地纏著丈夫，勸他打消這個念頭。

在精神分析的過程中，智娟才知道原來自己是讓丈夫在婚姻中覺得孤單的元凶。雖然智娟在處理家務和照顧孩子上，可說是做得令人無可挑剔。但智娟完全不在乎自己的丈夫在想些什麼，最近的狀態又是如何。對智娟來說，丈夫只要好好盡他做為一家之主的義務就夠了，其他的她都不要求，也不抱任何期待。簡單來說，智娟和丈夫之間的關係只剩下功能性，其他什麼也沒有。

智娟其實在這段婚姻關係中也感到很寂寞，只不過是過去的她沒有意識到罷了。就如同她對丈夫漠不關心的態度，智娟對她自己也是這樣。她只知道怎麼做一名母親，怎麼做一名妻子，卻不知道自己能透過什麼獲得滿足感，真正想要的是什麼，又想要過什麼樣的生活。智娟和丈夫就像殭屍一樣，兩個人都像個空殼，勉勉強強維繫著他們的家庭。久而久之，丈夫逐漸對這樣的婚姻關係感到疲憊，於是主動提出離婚。

智娟一直懷疑丈夫會提出離婚是因為有第三者的存在，但無論智娟問多少次，丈夫的回答都是否定的。智娟的丈夫說他並沒有在婚姻中做出任何對不起妻子的行為，但並不排除離婚後假如遇到不錯的對象，會再試著談戀愛的可能性。智娟壓根就不相信丈夫會這麼突然就提出離婚，所以對丈夫沒有出軌的說法也始終抱持懷疑的態度。智娟檢查了丈夫的手機內容和信用卡明細等各種物品，試圖從中找出第三者的痕跡，但始終還是沒發現任何可疑的跡象。假如能找到他們婚姻中存在第三者的證據，或許智娟會比較有辦法接受丈夫提出離婚的要求，但現實的狀況並非如此，這反倒讓智娟更加崩潰。

智娟的丈夫離婚意志相當堅定。用理性的角度來看，雖然智娟的丈夫作了一個非常自私的選擇，但其實他不過是站在自己的角度，作了對自己最好的決定而已。因為我從中能看出智娟丈夫想作出改變的決心，他已經不想再繼續過著像殭屍一般的生活了。

丈夫在作出這樣的決定前，肯定也思考了很久，但智娟卻絲毫沒發現任何異樣，當時的她究竟把注意力都放在哪裡了呢？過去智娟曾經以為自己和丈夫之間的關係十分穩定，但在她的這種幻想破滅後，夫妻二人其實從未建立起任何緊密關係的殘忍現實，瞬間擺到了智娟眼前。

以社會傳統觀念、義務和法律為基準來看這段關係的話，丈夫肯定是扮演「壞人」的角色。但在個人倫理和社會道德的論點上，就必須以不同的角度去看這件事。從個人的角度來看，丈夫因為不想再活得像個幽魂一樣，所以選擇提出離婚。但他並沒有為了逃避無法滿足自己的婚姻，在兩人還有婚姻關係的狀況下，選擇欺瞞妻子，到第三者的身上尋求慰藉，而是選擇重新開始自己的人生。

離婚的盾牌，孩子們

遇到這種狀況時，女性們最強大的武器就是孩子們了。智娟又哭又鬧，責怪丈夫怎麼能這麼輕易就說離婚，身為一名父親，怎麼能用這種方式傷害孩子。丈夫告訴智娟自己一定會對孩子們負責到底，也會盡心盡力維持和孩子們之間的關係，看起來完全沒有打算要打消離婚這個念頭。智娟不惜把孩子們當成武器，其實就是想打擊丈夫，之中也參雜了些報復的念頭。因為只要想到未來必須獨自撫養孩子，智娟的眼前就變得一片漆黑。

假如身為精神分析師的我要智娟將丈夫抛諸腦後，為新生活而努力，又或者要她和丈夫一起接受夫妻諮商，努力修復兩人已經出現問題的關係，這就等同是在要求他們夫妻二人照著父權社會的秩序行事。因為大眾對「家庭」的普遍認知就是一幅沒有一絲裂痕，完美又和諧的畫作，是順從這個世界的秩序所形成的產物，但這並無法為人們的幸福負責。

智娟努力撐過那些難以忍受，水深火熱的日子，壓下想尋死的衝動，每週固定到諮商室報到兩次，將所有可怕、痛苦的情緒垃圾統統倒光光。智娟總會有自己一個人孤零零地在這個地球上生活著的感覺，在諮商的過程中，她也不斷地跟這種與社會格格不入的感受搏鬥著。做為精神分析師，我能為智娟做的最好的事就是陪著她一起熬過這段日子，在每個智娟想倒下的瞬間，緊緊抓住她。最後，智娟總算撐過了那段飽受折磨的日子。

智娟終於開始慢慢將放在丈夫身上的精力和注意力轉移到自己身上。過去的智娟並沒有把丈夫當成是一個獨立的「他人」，所以她才會陷入分開的焦慮之中，就像孩子們無法想像與父母親分開一樣。與其說是丈夫，在他們的婚姻中，丈夫對智娟來說更像是她的監護人，不管發生什麼事情都會守護她和孩子們的監護人，如此而已。能夠保護自己的監護人突然從身邊消失，自然會像失去父母親的孩子一樣害怕，陷入恐慌。

智娟真的是沒有丈夫就無法獨自生活的人嗎？其實這都取決於智娟自己的選擇。智娟不由得有些自責，她無法理解過去的自己，在自己真正想要的是什麼都還不知道的狀況下，拚了命地要完成那幅名為家庭的完美畫作。

名為丈夫的症狀

名為丈夫的症狀讓智娟有機會去思考自己究竟是什麼樣的人，真正想要的是什麼，想要成為什麼樣的人，又想過上怎樣的生活。對智娟來說，結婚不過是能夠從原生家庭裡逃出來的一個出口而已。當女性們想要改變生活，想要尋求一些改變，抑或是想要逃離原生家庭，她們之中有許多人都會選擇結婚。但她們不知道的是，結婚並不是出口，而是進入一個新的規範裡頭。

想要作些變化的時候，改變環境是最容易的選擇，因為這就等同於是將能夠左右我人生過得是否美滿的權力交給新的環境，又或者是他人。但在這樣的狀況下，如果變化後的環境或他人動搖了，我的人生也會跟著天搖地動。結婚並不是時候到了就該完成的任務，不是別人都在結婚，我就也必須跟著做的事情，更不該是為了完成家庭這幅畫所作下的選擇。智娟放棄了自我，扮演著家庭中的一個角色，過著只剩下功能性的人生。但她的丈夫卻在智娟努力想維持的那幅和諧的畫上弄出了裂痕。從所有因丈夫而引起的症狀中，都能看出智娟在這段婚姻中是處於什麼樣的狀態，同時也以最具衝擊，具有破壞性的方式展現出來。

雖然我們會認為必須要緩解症狀，但這其實就跟掩蓋掉個人的真理，並預言會出現其他症狀沒什麼不同。症狀並不是一種必須要被消滅的存在，而是要學著去接受它的，讓它成為自己一部分的事物。

智娟的丈夫說會給她一些時間平復心情，同時也表示要過自己的人生的決心並沒有改變。

智娟告訴我她最近有許多第一次感受到的情緒和狀態，那是一種又疼痛、又寂寞、又悲傷的感受。在對接下來的日子感到害怕的同時，心中悄悄浮起希望，期待著說不定自己能迎來煥然一新的生活。就像小孩子剛來到這個世界時一樣，體驗著各種不同的情緒。在一年多的時間裡，智娟一週花兩次以上的時間和自己進行激烈的對話，接著慢慢地找回她生活的重心。

其實對智娟來說，丈夫提出離婚似乎不是一件壞事。根據我們用什麼樣的視角去看某件事，用什麼樣的態度去面對，又是用什麼樣的方式去哀悼，結果都會完全不同。像發生在智娟身上的「丈夫症狀」，就成了讓智娟開始去注意自己是個什麼樣的人的契機。

在愛和倒錯之間

「倒錯是幼兒時期會自然而然發生的過程，但如果這種傾向一直持續到成年之後，就會變得非常難發覺。」

有些男性看起來很善於社交，在社會上的應對進退也非常完美，乍看之下就是個無可挑剔的「好人」，但在私下的某些關係裡頭卻存在著倒錯現象，而這類型的人比我們想像中還要多。如果要舉例說明性倒錯男性擁有什麼樣的特徵，其中之一就是他們很執著於一段關係中的支配與服從，又或者是很擅長將人拉進這種主從關係裡頭。

父母親和子女之間也經常能看見這種現象，像是富有的父親利用金錢要求子女的絕對服從，讓自己的孩子們成為金錢的奴隸，這也是一種倒錯關係。在這些人的世界裡頭，他人或是另一半對他們來說不過是能夠讓自己「持有」或「支配」，並藉此獲得潛意識中快感的產物。

丈夫和妻子在心靈上不進行任何交流，只將妻子視為是性行為的對象，甚至仗著自己的權力和經濟能力任意擺布妻子，這樣的關係同樣也是一種倒錯。當然，女性之中也同樣有人將和他人的關係定義為支配和控制，為了能夠完全擁有對方，做出許多控制他人的行為，這類型的人對於擁有他人，有著近乎於上癮的欲望。孩子會對母親的身體產生迷戀，進而產生想完全擁有母親的欲望，性欲也是同樣的道理。一旦被捲入這種欲望遊戲之中，就很難脫身了。

從幼兒時期開始的倒錯

大部分的人會認為只有將幼兒時期受到的影響，透過性偏差行為表現出來才叫做「性倒錯」，也就是泛稱的「性變態」。不過看似完美的關係中也會存在倒錯現象，但這些人並不會輕易將自己變態的那一面表現出來，因此周圍的人一般都很難察覺，這些人並不會光明正大地做出性偏差行為，這也導致這樣的關係比一般情況還要來得更加危險。

在倒錯關係之中握有主導權的那一方，會試圖透過某個對象來滿足自己的某種衝動，而那個想透過另一方滿足的衝動便是性滿足。這裡所指的性滿足並不是指透過性行為獲得的肉體歡愉，而是滿足自己潛意識中，對於某一段關係或某個對象的性衝動。

對於有性倒錯傾向的人而言，他的所有對象都只是能夠完美滿足自己衝動的生物而已。這些人的世界裡正在進行一場權力遊戲，就算過程中出現破壞性或過於衝動的行為導致觸法，他們也不會對此有任何罪惡感。

即便是平時奉公守法的人，有時還是能從那個人行為舉止上的一些細節，看出他所隱藏的攻擊性和虐待傾向。這類型的人只要無法擁有特定對象，就會產生想毀了對方，或讓其受到傷害的欲望。即使那個人是和自己有婚姻關係的另一半，只要對方沒辦法滿足自己，或是不受自己控制，他們就會不擇手段地傷害對方。

因為身體上的損害是肉眼可見的，被害者反而比較容易逃脫。但看不見的虐待和殘忍行為就不同了，這樣的傷害會逐漸摧毀加害者和被害者之間的界限，這種侵犯會讓被害者生病，陷入痛苦和幻滅之中。男女關係中，許多人會因為愛情這個看似堂堂正正的名目，陷入倒錯的黑洞之中無法脫身，甚至不知道自己正慢慢地被另一方傷害，弄得殘破不堪。

倒錯是幼兒時期會自然而然發生的過程，但如果這種傾向一直持續到成年之後，就會變得非常難發覺。幼兒時期沉溺於啃咬、吸吮母親的身體，但幼兒藉此行為獲得的快感並未參雜任何情緒和意識。幼兒最初會迷戀母親，並從中得到快感的原因和情感以及語言都沒有任何關係，單純是對母親身體的渴望。

但在父母親與子女的關係之中，也有不少事例顯示就算子女已經長大，還是無法戒掉這種幼兒時期才會產生的現象。雖然子女們在用愛和家人這種看似名正言順的名義築起的圍牆之中受到了某種程度的保護，但對於子女的占有欲過強，把子女當作是滿足自己控制欲物品的父母親，比想像中還要來得多。

在倒錯關係中成為犧牲者的子女們，就算長大後遇到另一半，建立了新家庭，比起經營自己的家庭，他們還是會以各種不同形式，和原生家庭的父親或母親其中一人維持相當緊密的關係。一位已經步入婚姻的男性，比起照顧自己的家庭，更擔心自己的父親或母親，總是將原生家庭放在第一順位，甚至還會要求結婚後產生的新家族成員也要順從自己的父母親，這種時候一般還會強調這是「為人子女的道理」。

尚未長大的大人，和他孩子般的耍賴

珉貞在結婚十多年後，開始重新思考自己和丈夫之間的關係。珉貞的丈夫在大型企業工作，不但工作能力在公司受到認可，也很積極地參與志願服務活動，從這些條件看來，他都是個無可挑剔的好對象。所以多年來，珉貞都不斷安慰自己丈夫只是共感能力較弱而已。珉貞就這樣靠著這個理由撐過了十多年的婚姻。但走到最後，珉貞還是覺得自己和丈夫合不來，無法再繼續一起生活下去了，因此開始考慮要和丈夫離婚。

當珉貞的丈夫察覺到妻子想和自己離婚時，他便把孩子們當成人質，讓珉貞不敢有更進一步的行動。珉貞的丈夫想盡各種辦法，甚至還利用法律將珉貞的出口堵得死死的，讓她就算想走也走不了。只要珉貞稍微露出想要離開自己的樣子，珉貞的丈夫就會切斷所有對孩子們的經濟支援，以此來威脅珉貞。

一旦陷入倒錯關係裡頭，就算接受再多次夫妻諮商或伴侶諮商，再怎麼努力嘗試和另一半溝通，都很難真正地改善情況。用比較極端一些的比喻來形容的話，這種狀況就像孩子非常想吃某樣食物時，就算拿出別的食物哄他吃，孩子也不願意將能滿足自己的那個食物放下。孩子如果被搶走愛吃的食物，頂多哭著耍賴一會就沒事了，但主角如果換作是在社會上擁有一定權力和金錢的成人，事情就沒這麼容易解決了，因為他們已經具有能夠抓住自己想要東西的能力了。

在潛意識結構裡產生的倒錯欲望是無法透過說服解決的，就算身邊的人動之以情，患有倒錯傾向的人也絕對不可能放棄自己想要的東西，反倒會對妨礙自己的人表現得非常無情，就算對方是家人也不例外。

雖然身陷倒錯關係裡頭的人很難意識到這段關係不健康，但如果情況一直沒有任何改善，還是有可能會察覺到對方對自己過於執著，讓自己身心受了傷。假如你已經發現對方有這樣的傾向，千萬不要勉強自己去克服，必須要立刻結束這段關係。對並沒有倒錯傾向的人來說，這段關係是一場永遠贏不了的遊戲。試圖戰勝、推開，或說服有倒錯傾向的人，最後換來的都只是徒勞無功，也就是說唯有選擇離開這場遊戲，才能夠真正結束這樣的關係。如果要說得更清楚一些，在被有倒錯傾向的人牽著鼻子走時，最重要的就是要先了解自己，看清楚自己究竟是被這段關係裡的什麼東西給迷惑了。

在愛情裡，永遠需要信心

「女性總希望能從男性身上感覺到自己是被愛著的，以愛的名義。」

大多數在父權體制和權威式教養的家庭下成長的男性，都會以過去被對待的方式對待自己的妻子和子女們。當看似是家裡說話最有力的男性在決定事情時，通常都會說：「我會作這樣的決定自有我的理由，你們就相信我，跟著做就對了。」或是「我是一家之主，所以你們必須要相信我，要尊重我的決定」。這時候妻子可能會回他：「所以理由是什麼？為什麼一定要那樣做？」夫妻二人你一句我一句，互不相讓，最後演變成了爭執。這時丈夫通常會說：「我不想再繼續跟妳談了，不管說什麼妳都有意見，每一件事都要吵那麼久，是要怎麼談事情，別談了！」

妻子真的是像丈夫說的一樣，因為對丈夫提出的決定有異議，才會總是提出質疑嗎？事實並非如此。妻子之所以不順著丈夫的意思，甚至提出質疑是有其原因的。與其說是她不同意丈夫所作的決定，應該說她是對丈夫的態度有不滿。「我已經決定了，妳照著做就是了」這句話聽在妻子的耳裡就是一種命令，這種頤指氣使的態度會讓妻子覺得心裡很受傷。不過妻子本人可能無法馬上就意識到自己之所以會覺得傷心，其實全是因為丈夫的態度。也是因為如此，妻子才會一直就談論的內容和丈夫爭論不休。但在這種狀況下，其實應該要仔細去聽丈夫真正想說的話。

丈夫所說的話裡頭其實藏著他的需求。雖然在說這些話的時候，丈夫的態度很容易會給人太過強硬、不在乎他人想法的感受。不過令人驚訝的是這些話的另外一面，其實藏的是「請認可我吧！」的請求。

藏在話中的需求

男性心中其實都藏著這樣的需求，希望女性不要過問或追究任何事，只要相信自己，依靠自己就好了。男性的原始欲望中有「忠誠」與「服從」，在這樣的欲望之下，他們心中會有不惜為信任自己的君主犧牲生命的幻想。這也是為什麼男性喜歡的電影裡頭，總會對有關於忠誠部下對信義絕對服從的感人情節。

小孩子會想要被父母親認可，丈夫們其實也像孩子一樣，渴望被自己的妻子認可，但他們的這種渴望不容易被察覺。丈夫們認為對方只要相信身為一家之主的自己就可以了，為什麼總是要頂撞他，要他說明為什麼要作某些決定的理由呢？希望丈夫坦然地說出心中的渴望，說自己「想要被妳認可，想要被妳尊重」，其實也是變相在要求丈夫變得女性化。多數男性對表現出自己脆弱的一面會感到害怕，因此能夠理解男性所說的話代表的真正意涵和脆弱，能夠理解男性們孩子氣的另一面的女性們，大部分和丈夫的關係都非常好。無法真正了解對方話中之意的夫妻遠比我們想像中還要來得多，這同時也是某些人無法察覺自己所說的話真正代表的意思，以及話裡頭藏了什麼樣的欲望和情感的理由。

如果想要讀懂和自己建立了某段關係的他人心中所求，就要非常了解對方的過去，並仔細觀察對方，而這樣的觀察必須花上許多時間和精神才會有效果。不能光看眼前看得到的東西，為了想要理解那些隱藏著的訊息，就必須要抽出時間慢慢思考。

所謂思考，並不是針對另一方不合理的行為舉止或缺點挑毛病，而是去思考什麼才是對方真正的模樣。假如已經脫離甜蜜又感性、讓人彷彿漫步在雲端的恍惚狀態，密切關注對方就成了一件非常累人又辛苦的事了。無論是丈夫對妻子、妻子對丈夫、父親對孩子，還是媽媽對孩子，看起來似乎都是一段充滿愛和關心的關係，但這些關心和照顧大多都和接受者的需求沒有任何關聯，只是給予的那一方想這麼做，並且依照自己的方式付出而已。

最重要的是在和他人對話，或是建立關係的時候雖然會有許多交談，但我們必須去思考自己是否真的聽懂了對方想傳達的意思。我每天在諮商室裡也會不停地思考「我有聽懂對方想說的話了嗎？我真的理解對方想表達的意思了嗎？」，我會不斷質疑自己，是否硬是要用精神分析師所具有的專業知識去分析當事人所說的話，並將其放在某個框架內檢視。

向愛情追究責任

陷入愛河的戀人們承諾彼此會接受對方的一切，也堅信自己能夠做到這點。電影和電視劇裡頭為愛情犧牲奉獻的情節總能讓許多女性動容。但只要談到犧牲與奉獻，這樣的關係中必定會伴隨著「放棄自我」。在一段珍貴的關係之中，我們究竟能放棄自我到什麼程度呢？又或者我們之中的某些人，其實已經完全放棄自己的人生了呢？現在我想來小小分享一下我自己的故事。

青少年時期一結束，我就進到修道院裡頭過了十多年的團體生活，我的丈夫也一樣。我和丈夫在過了三十歲後決定還俗，但在下定決心離開之前，我們的腦袋被恐懼感侵襲，心中也痛苦不堪。我在最後要作決定的那一刻前，甚至還發生了脫水現象，不只是心，就連身體也承受著無法比擬的痛苦。如果要形容我當時的感覺，大概就像是身體早已習慣了塞在某個箱子裡頭時的形狀，卻突然必須離開那個箱子，站到一片荒涼的草原上，心中充滿了茫然與恐懼。就算再怎麼祈禱，神也沒有給我任何回應。我就像是個站在一片漆黑的沙漠中，在沒有一絲燈光的狀態下尋找道路的人。

一直以來都認為修道就是邁向真理之路的我，根本還沒準備好要結束這樣的生活，步上全然不同的道路，過不同的人生。換言之，如果當時的我是作好準備的狀態，也就代表我的修道過程已經圓滿。因為無法預知明天會發生什麼事，我和丈夫便開始向彼此討要承諾。既然神不告訴我答案，身為人類的你就要讓我感覺到自己是被愛著的，這樣我才有辦法安心地讓自己進入這段關係之中。

當時丈夫還是修道士，他的想法其實很單純，他告訴我：「我對妳的愛很堅定，假如妳下定決心要還俗，我也會毫不猶豫地跟妳離開。」如果仔細分析這句話，會發現裡頭有「如果妳下定決心要還俗」這個假設。這個假設彷彿是在告訴我，他已經作好心理準備了，只要我下定決心，無論什麼事他都願意跟我一起做。這樣的話乍聽之下像是對我們愛情的保證，但其實裡面藏著一名少年的懦弱。丈夫所說的那句話聽起來像是在說假如我決定還俗，他就會跟著我一起離開，但那同時也代表如果我決定留在修道院，他也會選擇留下。丈夫在說那句話的瞬間，同時也把關於這個決定的責任全丟給了我。

當時的我身在令人窒息的鬱悶情緒中，必須在那寂靜無聲又漆黑的時光裡，獨自作出選擇。一想到一旦作了決定就必須承擔起所有責任，這樣的壓力壓得我喘不過氣，於是我不停地在痛苦中掙扎著。我所能作的最後掙扎也包括了將怒氣轉移到丈夫身上，想著為什麼他口口聲聲說愛我，卻沒辦法給我安全感，無法拉著我的手一起向前走，為什麼他是如此被動，將作決定的責任全推到我身上。最後我作出決定時，其實對自己的選擇一點信心也沒有，只是想著「再這樣下去不行」就作了抉擇。

這就等同是說著「啊！不管那麼多了！」便朝著伸手不見五指的道路邁開腳步。我當時的想法是我和丈夫之間的關係已經產生了裂痕和芥蒂，假如不去理會它，就算繼續留在修道院裡，也無法像過去一樣好好修道了。所以我決定閉上雙眼，把自己丟進完全不同的生活中。

懂得面對內在小孩的大人

女性總希望能從男性身上感覺到自己是被愛著的。對我來說，最理想的狀況似乎是對方透過以下的話給我信心，像是：

「我選擇了愛情，所以我會離開修道院，這就是我對妳的愛。就算妳不想跟我一起離開也沒關係，因為那也是我選擇愛情後必須要付出的代價，我會為我的愛情負責。」

這才是對愛情負起責任的模樣。但脆弱的「少年」終究還沒成為足夠堅強的大人，他還沒有辦法放棄自我，甚至連「自我放棄」真正的意思都還搞不清楚。但其實我自己也是如此，在我作了決定之後，有很長一段時間都在向丈夫追究責任，並不停地強調丈夫不夠愛我。當時我認為自己的理想愛情已經幻滅，並因而受挫，但真正的關係是在完全幻滅後才會開始。

隨著時間流逝，我遇見了許多人，長期在精神分析領域耕耘，我才終於知道我們人類所能夠作的選擇以及隨之而來的責任，全都是內心脆弱的少年和少女們必須要承擔的。即便這個事實很殘忍，但我們還是必須要接受，了解到自己終究是個脆弱的存在。

我們必定能夠鼓起勇氣好好地長成一名大人，生命中也不時會有我們必須承擔起責任，成為成熟大人的瞬間。這個世界上並沒有人從一出生就是大人，就算時間一分一秒過去，年紀一年比一年大，也不代表我們正在慢慢地成為大人。如果無法正視內心的稚嫩少女和少年們，我們就會被內在的小孩束縛，在沒有意識到自己已經是個大人的狀況下，一年一年老去。假如無法看見對方內心的少年與少女，也不願意正視脆弱的自己，並和內在的脆弱小孩對話，兩個人的關係之間的衝突和怒火就會不停延燒。

因為那些對愛情的幻想

「愛情的開始或許有著相似的性質和模樣，但只有各自在愛情中創造出獨一無二的歷史，這段關係才會變得更加有意義。」

無論是女性還是男性，對愛情都會有最根本的幻想。西格蒙德．佛洛伊德曾說過，但凡是人類，都擁有「原初幻想」。所謂「原初幻想」是指孩子在和父母（對象）的關係中曾經經歷過，或在重要關係中感受到性衝動的「原初場景」。

人類可說是靠著「原初幻想」打造出現實的結構，這也就是說「原初幻想」裡的衝動決定了我們與他人相處的方式，在所有人際關係中，愛情關係受到的影響又更大。這樣的幻想無法用三言兩語說明，有著複雜迂迴的迴路，和一層層的屏障，讓人很難發現其真實的面貌。

女性對愛情有著最根本的幻想，而每個人的幻想都不盡相同。即便換了戀愛的對象，以為自己選擇了截然不同的人，但從本質上來看，也可以說一直以來都選擇了同樣的人。雖然陷入愛河的對象一直在變，但能夠動搖女性的心，引起其內心深處衝動的內在結構其實是相同的。

如果仔細觀察女性們對男性懷有的幻想，會發現有許多特質和「成熟穩重」、「能給我安全感」有關，又或者是無論在什麼樣的狀況下，都會守護自己的「保護者」。但在現實中，通常戀人抑或是丈夫都和這樣的幻想相差甚遠。女性們在與自己的幻想截然不同的男性一同生活的同時，又會被電影或電視劇裡頭的角色給吸引，感到心動，正是因為螢幕裡頭的人物擁有女性對理想對象的幻想，而這樣的幻想通常都和女孩們理想中的父親形象有關聯。女孩們心中的理想父親形象可能是那些在成長過程中，對父親感到失望的部分，也有可能是自己投射到父親或母親身上的理想面貌。

玄美說自從她生完孩子後，和丈夫之間的關係就變得相當疏遠，到孩子要上小學時，兩人之間的相處模式就和陌生人沒兩樣。雖然夫妻兩人住在同一個屋簷下，卻是如此生疏。

而某天孩子突然提出的一個疑問，讓玄美來到了諮商室。玄美的孩子是這麼問她的，「媽媽為什麼要和爸爸一起生活啊？」聽到這樣的問題，玄美一句話都說不出口，不知道該怎麼回答孩子才好。玄美甚至搞不清楚孩子之所以會提出這樣的疑問，是真的對他們夫妻兩人之間如同陌生人的關係感到疑惑，還是只是隨口問問而已。一直以來，玄美都抱持著「人活著都是這樣」的想法，過了一天又一天，孩子提出的這個疑問彷彿是在她平靜無波的生活裡投進了一顆大石頭，引起一陣陣的波紋。

當初是因為什麼原因決定跟丈夫結婚的呢？

因為夫妻間的問題來到諮商室的女性之中，大多數的人都會說「丈夫曾經有某項優點、有某項過人的能力或具有某種才華」。但結婚一段時間之後，兩人之間的關係卻開始變差，變得越來越疏遠，而這樣的關係就一直維持到現在。

我認為有件事情很需要我們重新思考，那就是丈夫的那些優點或才華，真的是我們決定和他結婚的決定性因素嗎？我希望女性們能夠好好再審視一下自己選擇與丈夫結婚的主要原因究竟是什麼。那些優點和才華，會不會其實只是想讓潛意識去作決定，我們為了推卸責任，為自己作的不在場證明之一呢？我們之所以會選擇某人做為伴侶，有可能是在自己沒有意識到的狀態下，在對方身上感覺到自己缺乏的某樣東西，才會決定踏入與這個人的關係裡頭。除此之外，也有可能是陷入了幻想之中，認為某人能夠補足自己心中所欠缺的東西。也就是說，決定是否要和某人步入婚姻的主要因素並不一定是表面能看見的條件。

在這種情況下會出現的問題是，假如已婚女性在丈夫身上無法得到情感上的滿足，並為此反覆感到挫折時，就會為那些自己得不到的事物感到痛苦，甚至因此變得不幸。除了某些性本惡或天生沒有母愛的母親之外，也有部分女性會因為無法在愛情和家庭中得到滿足，便將這些壓力施加到孩子身上。這些母親們僅因為丈夫無法滿足自己的欲望與需求，便以自己為家庭作了許多犧牲與奉獻為由，用有些隱晦，或是直截了當的方式向孩子們提出各種要求。

從我過往的經驗來看，我可以很肯定地說很少有女性會試著照顧自己的感受，幫助自己從這種缺乏情感支持的挫折中站起來。如果用稍微寬容一點的說法，可以說會造成這樣的情況，是因為我們本就是沒有愛就無法生存的生物。雖然也曾偷偷想過要透過出軌滿足被愛的感覺，但還是害怕周圍人們的指責，也不想承受隨偷情而來的罪惡感，終究無法越過那條用道德規範劃出的線。最後只能沉溺於電視劇和小說等虛構的故事中，藉此來滿足自己的幻想。將自己真正想要得到的愛，放進名為潛意識的隱密倉庫裡，欺騙自己，也欺騙孩子，把所有要求都當作是照顧家庭和孩子們的一種方式。

臨床上能看到非常多孩子扮演丈夫角色、父母角色，提供父母親心理支持的例子。而那些為媽媽填補丈夫這個空缺的兒子和女兒們，心中認為自己是在盡為人子女、做為家人的責任和道義，卻時不時就會為不知緣由的鬱悶和窒息感所苦。

在精神分析的過程中，許多女性會試圖自我反省。但精神分析並不是為了達成反省的一種修煉過程，而是要透過審視內心，釐清會讓自己產生某些衝動的原因是什麼，該衝動的結構又是什麼模樣。針對自己的性格和外顯的所有特性作深刻反省，根本無法真正改變自己的生活，也不會有什麼顯著的效果。說穿了，審視自己的行為和自我反省，不過是想讓自己成為能夠順應世界秩序的人而已。

精神分析最重要的是協助當事人把注意力放在自己身上，留意自己在了解內在自我，和探索內心衝動上作了多少努力，該如何處理藏在內心深處的衝動，又該用什麼樣的方式去過自己的人生，透過持續不懈的努力，持續往讓自己能獲得滿足的方向前進。假如找了無數位人生導師，聽取了許多靈性團體領袖的意見，繞了許多圈子，最後還是回到原點的話，原因就只有一個，那就是對潛意識的不了解、壓抑和刻意隱藏。

無論是透過書籍還是精神分析，想要進一步審視自己的潛意識，就要試著對所有在我們生命中，曾經被視為理所當然的事物抱持懷疑的態度，這也是學習留意自己潛意識的第一步。

我希望所有女性和妻子都能不被自己所在的位置，和所扮演的角色給束縛住，只能不斷地思考該如何擺脫身上的枷鎖。妳生命中的他人，妳的另一半，無論那個人是誰，都不可能完全滿足妳，透過他人獲得的滿足往往只停留剎那。希望我們所有人都能變得更加聰慧，明白另一半能夠滿足自己的哪些需求，明白哪些是他人給不了我們的，同時給自己一些時間好好思考，想想自己能夠承受的底限在哪。

蒙蔽人雙眼的愛情

不停向對方要求他給不了的東西，並為此感到挫折，就好比是踏入一場你跑我追的遊戲裡頭，停留在敗方的位置上，反覆享受著專屬於弱者的喜悅。假如不斷要求的那一方不再抱有任何期待，不再奢望那些對方給不了的東西，另一方反而會開始感到不安，甚至開始好奇起曾追著自己跑的那一方究竟想要什麼，又需要些什麼。

這個世界上沒有完美的另一半，有的只是脆弱的我們而已。只為一個人奉獻所有，乍看之下是種完美無缺的美好愛情，但對某一個個體的全然信賴總會伴隨著各種要求，要求對方對自己的信任給予相應的補償和代價，這樣的狀況無疑是開啟了另一扇通往地獄的門，因為我們想像中關於愛情的補償與安全感，終究只存在於幻想之中，對方根本就給不了。也正因為如此，部分的女性有時會蒙住自己的雙眼，選擇不去看另一半。

我們在陷入愛河時，會將自己的幻想投射到對方身上，並愛上那個滿足自己幻想的幻象。就像先前所提到的，將自己的一切都寄託在幻象身上，真實世界的我和對方則被排除在愛情之外。在這樣的情況下，假如哪天幻象消失了，我也會跟著消失。一段愛情的萌芽不免會需要一些幻想的成分，但如果在相戀的過程中還是緊抓著這些幻想不放，就會身陷痛苦和衝突的泥沼之中，怎麼爬也爬不出來。隨著時間流逝，當初的幻想就會跟著逐漸破滅、褪色，對方真正的模樣也會變得越來越明顯，這時我們通常會感受到強烈的背叛感，開始作一些無謂的掙扎。但背叛我們的其實不是對方，而是我們自己，因為那個人從一開始就一直是這個模樣。

愛情的開始或許有著相似的性質和模樣，但只有各自在愛情中創造出獨一無二的歷史，這段關係才會變得更加有意義，染上獨有的色彩。抱持著「反正別人還不都是這樣過」的想法過生活，說穿了就是以怠慢的態度對自己的人生。其中一方完全配合另一方的關係絕對不能被稱作是愛情，充其量只能說是控制與服從、支配與依賴的關係而已。反倒是那些透過爭執了解對方真實的面貌，並思考如何才能各退一步，好好維持這段關係的態度，才更接近真正的愛情。

愛情的條件，愛情的資格

「以為能和滿足自己所有幻想的人相愛，是年幼的孩子才會有的天真想法。」

在婚姻生活裡會出現無數個討厭對方的理由。覺得他太懶惰、太不愛乾淨、太過木訥、太過自私，或是沒有盡到一個好父親的責任等，這些缺點在婚後一個一個冒出來，看對方怎麼看都不順眼。不過婚後漸漸變得無法容忍對方真的是因為這些原因嗎？事實並非如此。對方的性格和各種條件跟兩人之間的愛情和感情不存在任何關聯性。愛情和人與人之間的感情是一種凡事以「儘管如此」為前提的關係。所以那些討厭對方的理由，其實全是我們的心硬是編造出來的，真正的原因不過是我們的內心已經不想再繼續愛下去，也不願意再為對方作任何退讓了。

陷入愛河中的人多少都有些瘋狂，彷彿能夠克服世上所有困難，能夠忍受所有無法忍受之事。這樣的瘋狂看似是因為外部的影響而產生的，但其實是因為我們內在的某樣東西被外在的事物給迷惑，才會進入這近似瘋狂的狀態。所以當內在的幻想破滅，不再被外在的某些事物所吸引，愛情就會劃下句點。在內心還存有幻想的時候，個人（主體）並不需要靠自己的意志生存，只要依附幻想而活即可。這樣的狀態就和依賴藥物作用的人一樣，只靠著幻想帶來的力量過活。

當一段關係中的幻想破滅，維持這段關係的就只剩下法律與道德規範。曾經色彩斑斕的幻想褪色時，內心會變得無比脆弱，生活可能也會跟著變得一團亂，毫無條理可言。為了防止這種混亂發生，和穩固這段早已動搖的關係，我們會下意識地服從代表父親的那一方設下的規矩、父權社會的規範和社會的秩序。我們會認為這些規範有其存在的意義，繼續過著原本已不想忍受的生活，所謂婚姻的義務、為人父母的義務和為人子女的義務就是這麼來的。在失去核心價值的關係中，也只能要求另一方盡到對彼此的義務和責任，而這樣的要求乍看之下似乎也相當合理。

在愛情消失的地方

那麼已經對彼此失去熱情，無法像過去一樣愛對方的夫妻就應該要分開嗎？夫妻一定要相愛，不愛彼此就要分開的觀念，其實不過是人們自己設下的眾多規範中的一種。但假如對另一半的感情已經轉變成恨意，或是只剩下負面的情緒，還是不得不一起生活下去的話，就也只能作出與其相應的抉擇。不過要記得別因為「離婚是不好的」、「不能因為離婚讓孩子們受到傷害」等外部的理由選擇維持婚姻關係，既然決定繼續和對方一起生活，就要找出自己為什麼要這麼做的理由。假如不分開的理由真的是為了不讓孩子們受傷害，也要謹記這是自己思考過後作出的決定。唯有這麼做，才能避免未來對這樣的選擇感到後悔時，把所有責任都推到孩子們身上，自己的人生也會變得稍微輕鬆一些。

除此之外，要問問自己真正需要的是丈夫，還是有某種特質的人。假如選擇了離婚，需不需要有人頂替丈夫的位置，我的內心又是否願意讓「這個人」成為自己的丈夫。我在過去的個案中看過不少這樣的例子，雖然十分害怕自己的丈夫，卻因為無法想像自己成為沒有丈夫的人，遲遲無法作出正確的判斷。

我們究竟為什麼需要丈夫呢？雖然已經很努力地找出符合自己標準的理想丈夫、戀人，但在關係開始後，卻又總是覺得缺少了點什麼。隨著時間的流逝，逐漸忘了當初自己為某人著迷的理由，接著又開始茫然地在人海中尋找能夠吸引自己的人。有些人礙於現實中的道德規範，只敢透過電視劇尋找慰藉，沉迷於劇中完美主角的魅力之中。但這樣一個看不見盡頭的循環究竟何時能結束呢？我們真的非得要愛人，和另一個人分享愛不可嗎？

以為能和滿足自己所有幻想的人相愛，是年幼的孩子才會有的天真想法。假如心中有「只要去掉這一點，就能盡情去愛，就能夠克服所有困難」的想法，那並不代表妳真的渴望愛情。因為這句話所指的克服，並不是為了愛去克服困難，這句話真正的意思是指說話者要在某個前提下，才願意去愛另一個人。

在對丈夫的幻想結束的同時，才有可能迎接真正的愛情。在幻想斑斕的光芒褪去，兩人之間只剩下荒蕪廢墟時，真正的關係才會開始。當我們身在無法再沉溺於甜蜜幻想，無法再想像電影中美好情節的乾涸沙漠裡，便能以清晰的思路去思考並作出抉擇。佛洛伊德認為真正的恢復，就是重新擁有去愛的力量。

愛並不是靠著主體的意志，勉強自己去愛一個無法愛上的人。愛的主動性應該是「被動的主動」，也就是接受。愛並不是強迫自己為對方的特質、缺點或那些始終無法適應的行為舉止找藉口，也不是像打麻醉針似地麻痺自己，一而再再而三地強迫自己去愛。愛是在浪濤和傷痛迎面襲來的時候，選擇接納的一種「被動的主動」。

問問我內心的孩子

在分析女性們內心陰暗處時，總會遇見一名少女。那名少女被牢牢地困在某個地方，時而鬧脾氣，時而讓自己深陷悲傷之中，隱密地享受著自己人生中的悲劇。少女會以自己過去的經歷中，最具意義的記憶為中心，建構出結構十分牢固的幻想。兒時曾目睹父母親拳腳相向場面的少女，可能會摀住雙耳躲進小房間裡，陷入幻想世界中。在少女的想像裡，除了有憂傷的可憐少女，還有某天會現身，並拯救少女的帥氣大人或完美騎士。少女就這樣靠著會有人前來拯救自己的幻想，將現實世界中父母親的吵鬧聲隔絕在外，誤以為這樣的不幸只不過是一個小小的考驗，稍微忍一忍就過了。

少女長大成人後，和周圍的人關係也很是生疏，但少女並不曉得這種生疏其實是源自於自己建構出的幻想，不僅時常為孤獨所苦，還拚了命地想擺脫這種像是被世人孤立的感覺。少女並不知道疏遠他人的是自己，也沒意識到其實自己正在享受著這悲慘的遭遇，因為這種享受只發生在少女的潛意識裡頭，而我們的潛意識隨時都準備好要欺騙表面上的意識。

另一名少女的狀況則不同，她冷漠無情的母親終日忙於工作，從來沒給過少女一絲一毫的溫情和關心。但這名少女並沒有學壞，一直以來都是個既善良，行為又端正的好孩子。少女認為只有不妨礙忙碌的母親才能得到關愛，所以她在潛意識裡不斷壓迫自己，不允許自己對父母親提出任何要求，而這長期的壓迫在少女的心中累積了已無法化解的憤怒。

少女長大後，依照父母親的意思結了婚，生了一名女兒，將女兒教育得像自己一樣聽話。但她把無法對父母親提出的要求全轉移到了丈夫身上，舉凡丈夫的一舉一動、說話時的語氣，甚至是生活習慣都能挑毛病。她對待丈夫的態度總是十分輕蔑，不斷地要求對方改掉自己看不順眼的地方，這樣的相處模式最終導致了婚姻的破裂。

有許多人問我要怎麼見到內心那名固執、不願改變的少女。雖然少女躲在我們的內心深處，但她偶爾也會探出頭來讓我們看見。少女會透過我們的言語，以及不斷重複的某些模式展露自己的樣貌。也會透過人與人關係之間的矛盾、自身所受的痛苦和身體上的症狀發出求救信號。

如果真的想好好聽少女發出的信號，就不能像一直以來推開自己的那些大人們一樣，再一次地推開她或責怪她。唯有這麼做，少女才會完全展露她的真實面貌。

身陷不滿足的泥沼之中

「衝動裡頭不分是非，也不分好壞，因此掌握衝動的源頭，了解它是如何產生的就變得十分重要。」

「主體在擔心某項事物的同時，也展現了自己的欲望。」

——拉岡

我們偶爾會在電影或電視劇裡看到這樣的場景，女性因為害怕自己會把孩子從高處丟下而感到不安，或是突然產生想將孩子甩出去的衝動，但這樣的情境並不是只發生在螢光幕裡頭，我們的生活中也真實存在。有些母親深怕孩子會遭遇什麼可怕的事，每天都痛苦萬分。有些母親則是擔心自己會因為一時的衝動傷害孩子，時時刻刻都過得心驚膽跳，心中充滿了罪惡感。這些母親不是因為自己的情緒去傷害孩子的壞媽媽，她們的這種衝動是源自於不滿足。

如果要再說明得更詳細一些，這種狀態通常會發生在女性感到身心俱疲時。換句話說就是她們因為過度壓抑，神經已經到了最緊繃的狀態。在這種時候，作為最強烈的刺激，她們的潛意識便會透過各種想像，讓自己處在極度緊張的狀態之下，藉此得到滿足。假如將這樣的狀況判斷為單純的情緒問題，把自己逼到絕境，反而會造成反效果，更容易引發那些強壓下的衝動之舉。

從精力的角度來看，害怕、嫌惡、畏怯和極度的不安等狀態，其實都是能夠引發興奮感的一種受虐機制，處在這種狀態下的人並不是真的想害人。想要引發內心強烈興奮感的衝動會讓人忍不住想像自己最親近、最珍惜的人身處危險的狀況之中，藉此讓自己受到劇烈的刺激（就意識層面來說非常駭人的刺激）。這就跟孩子們突然睡夢中醒來，開始想像「如果爸爸和媽媽突然死掉了怎麼辦？如果我變成孤兒該怎麼辦？」，並因為這些想法失眠是一樣的道理。

母親們在這個過程中會產生罪惡感，並不是因為自己是個會想像如何傷害孩子的可怕媽媽，而是因為她們的潛意識在傷害孩子的想像之中，得到了滿足和愉悅感。透過孩子釋放內在壓抑情緒的現象對當事人，尤其是有神經系統方面困擾的女性而言也是種暴力行為。因為這樣的舉動無疑是將無辜的孩子牽扯進來，消耗彼此的能量，並利用興奮、刺激、恐懼和不安等感受填補自己的因為不滿足產生的空虛感。

因為無法滿足而產生的痛苦

當需求得不到滿足，不停被壓抑，這種滿足除了實質上，也有可能是潛意識的滿足。潛意識的需求越是得不到滿足，痛苦的程度就越是嚴重。

我有時候會勸為此受苦的人們讀些哲學類的書籍，其中一位當事人告訴我，只要她嘗試要閱讀，內心就會產生非常強烈的抗拒感，因為這名當事人認為自己的首要任務應該是蒐集各種教育相關的資訊。身為一名母親，她的義務就是要為了孩子的將來，讓他接受良好的教育，不讓他走上歧途。這樣的理由乍看之下很名正言順，因為從社會的角度來看，注重育兒和孩子的教育問題是一名好母親應該具備的品德。但這其實只是這名女性的藉口而已，而她本人在精神分析過程中也開始察覺到這件事。

她發現自己只要試圖將注意力轉移到其他事情上，心中就會冒出一股力量，頑強地抵抗著，其實她根本不想作任何新的嘗試。她開始懷疑起所謂擔心孩子的教育，會不會只是自己不想做其他事所編造出來的藉口。也開始懷疑自己是否隱約在享受這些因為擔心無法教育好孩子，不停閱讀育兒書籍的舉動，以及對孩子的各種擔憂與可怕想像。其實在潛意識裡，這名女性非常想維持這種以孩子為擔憂對象所帶來強烈刺激，她想要利用這種不安來合理化自己的逃避行為，如此一來，就能夠不用面對自己身陷不滿足泥沼之中的事實，但這樣的狀態只會形成惡性循環。

另一名女性遇到的問題已經不僅僅是對孩子的擔憂和不安，她和丈夫不停地重複冷戰又和好的相處模式。在這反反覆覆的過程中，她開始思考自己和丈夫會不會哪天就走到了離婚這一步，假如真的和丈夫離婚了，自己會變成什麼樣子，又要怎麼養育孩子，這些想法讓她感到非常不安。離婚這件事，光是用想的就讓她感到害怕又痛苦，但就在某一天，夫妻二人的拉鋸戰再度上演的過程中，丈夫對她提出了離婚。一直以來光是想像就讓她感到心煩意亂的事情，現在透過丈夫的言語成為了現實，她的腦袋一片空白，不知道該如何是好。但另一方面，她的心裡變得暢快許多，因為她的不安變成了現實，未來不用再為這件事而坐立難安了。

為了獲得強烈的刺激，夫妻二人之間的關係變得越來越緊繃，而丈夫最終因為敵不過這令人戰戰兢兢的關係，丟出了「離婚」這顆炸彈，與此同時，兩人之間的緊張感也消失得無影無蹤。這對夫妻最後上演了戲劇性的大和解，但假如他們沒有從這次事件中感受到的緊張、輕鬆、痛苦和痛快之中學到些什麼，未來重蹈覆轍的可能性就相當高。

衝動這把鑰匙能將我們從不滿足之中拯救出來

我們渴望得到平靜，但我們的精神能量和身體卻成了最大的阻礙。我們必須要弄清楚自己精神能量流動的軌跡，以及精神能量是用何種方式開拓出通道，讓能量在通道間流動，又會在什麼樣的時間點爆發，因為只要有一條通道被堵住了，精神能量必定會往另外一個地方流去，並傾瀉而出。我們必須要以正確的方式，開創另一條屬於自己的通道。

在想像的世界裡，什麼事都有可能發生。我們多數人對判斷行為的對錯，或接受他人的評斷都有一定程度的恐懼。假如某個行為的結果會造成他人的痛苦，或是與剝削他人無異，我們當然可以很肯定地說這樣的行為是不對的。但如果針對實際做出這樣的行為之前，腦袋裡曾有過的想法、想像和幻想進行批判，自行為其定罪的話，等同於是在打造另一個地獄。行為的背後必然存在著衝動，但如果硬是要在並未付諸行動的衝動上，貼上不正確、不道德的標籤，否認自己的本質，逼著自己要為曾有過這樣的衝動被定罪，這種地獄般的生活是不會有盡頭的。

因為衝動裡頭不分是非，也不分好壞，因此掌握衝動的源頭，了解它是如何產生的就變得十分重要。為了理解衝動從何而來，對待自己最合理的方式就是向自己提出最根本的問題，並對自身抱持懷疑的態度。比起透過提問得到什麼樣的回答，最重要的是不停探索並提出疑問，因為這才是最尊重自己的態度。

為失去哀悼

「知道原因對出現在我人生中的現象和症狀並不會有任何直接的影響，這不過只是在為失去的東西表示哀悼而已。」

一名女性和她的丈夫一直都處得不融洽，她在這痛苦的關係中掙扎了將近二十五年的時間。但就在她的兒子長大成人，開始與丈夫對抗時，這名女性突然就原諒了丈夫。做為一名虔誠的基督教徒，她發現自己竟在祈禱中對丈夫起了憐憫之心，於此同時，她也了解到丈夫同樣是上帝珍貴的兒女，必須用寬容的心對待他。

隨著這名女性開始對丈夫敞開心胸，兩人的關係也跟著迅速好轉，但現在的問題卻成了父子之間的矛盾。從小到大看著父親折磨母親的兒子，長期壓抑著心中的怒火，而這股憤怒隨著年紀增長，也慢慢開始展露出來，這名兒子現在就連和父親處在同一個空間都不願意。兒子對父親的憤怒逐漸擴大，變得一發不可收拾，夾在父子之間的這名女性又再度活在無止盡的家庭戰爭之中。

二十五年來因為丈夫受盡苦頭的她，現在卻認為兒子對待丈夫的方式太過分，也經常因兒子對丈夫無禮的行為責備他。兒子看著曾經被父親弄得滿身瘡痍的母親，她的這些勸阻就像在火上澆油似的，讓他對父親的怒火越演越烈。兒子看向母親的目光不禁露出了一絲輕蔑，彷彿在質疑母親明明就因為父親受苦了那麼多年，怎麼突然就開始袒護起他了呢？

但這名女性真的原諒丈夫了嗎？她為何如此憎恨丈夫，卻還是在這段婚姻中苦苦掙扎了二十五年呢？

以為沒事的潛意識誤解

這名女性有位年事已高，體弱多病的母親。從她還年輕的時候，她的母親就指望著要靠女兒過生活，所以催促著要她早點開始工作。這名女性長期背著扶養母親的重擔，就連結婚之後也總要處理娘家的事情，從二十歲開始工作之後，她一半以上的薪水就全成了母親的生活費。

但母親卻總把她賺來的錢拿去資助兒子。只要這名女性以自己生活上有困難為由，表示無法給母親那麼多錢時，她的母親就會大發雷霆，責備她怎麼能丟下含辛茹苦把她養大的媽媽不管，經常為此大吵大鬧。這名女性對母親這樣的行為感到厭惡，也時常為這種狀況感到生氣。她曾經試著要擺脫這個枷鎖，但最終還是會因為「畢竟是自己的媽媽」而心軟，也是因為如此，這樣的劇情才會不斷上演。

在因為母親的事情煩心的同時，她和丈夫之間的衝突也從來沒有平息過。雖然丈夫酗酒的問題讓她很痛苦，但平心而論，她的丈夫一直以來都有好好賺錢養家，也為了守護他們的家庭作出許多努力。但她卻還是很憎惡丈夫，對他恨之入骨。其實這是因為本該發洩在母親身上的怒氣，全轉移到了對丈夫的不滿裡頭，而這股對丈夫的恨意，讓她在痛苦之中掙扎了二十五年之久。忍受著母親對自己的過度剝削，卻又無法從這段權力關係之中脫身的她，最後只能將所有注意力都放在工作上，畢竟她也必須要賺錢撫養母親。但埋首工作之中，導致她逐漸變得對丈夫和孩子漠不關心，在面對丈夫和孩子時，也經常會產生不耐煩的情緒，這樣的變化讓她的生活變得更沉重，也更加艱難。

這名女性初次來到諮商室的時候，她看起來就像是一個事不關己的旁觀者。她告訴我兒子和丈夫之間的矛盾讓她很痛苦，所以想尋求解決方法。她表示自己已經都把過去和丈夫之間的恩恩怨怨放下了，但兒子和丈夫的關係卻變得越來越糟，這樣的狀況讓她難以承受。她想要找些能夠改善父子二人關係的方法，讓自己擺脫這種痛苦的狀態。

在這名女性過去的人生中，她的確是作了許多比其他人還要大的犧牲，但即便如此，我還是很難真正去同情她。在母親的剝削之下，她已經根深柢固地認為自己是個無比脆弱的存在，因為她在和母親的關係之中，的確是處在弱勢的那一方。但就是因為她過度執著於自己脆弱的形象，完全沒發現自己將潛意識的欲望和憤怒投射到丈夫和兒子身上。這名當事人不曾嘗試過要擺脫母親的控制，也從未為了保護自己不受母親傷害作出任何努力，這從某個角度來看也是種不負責任的行為。除此之外，她因為被這種軟弱的形象給蒙蔽，把所有注意力都放在母親身上，對兒子和丈夫漠不關心，這樣的行為同時也是在將父子二人推得離自己越來越遠。

她不知道的是，在她強忍著巨大痛苦的同時，迴避自己人生責任的代價也正在某處等著她。而最驚人的是她決定原諒丈夫，認為丈夫應該進到主愛之中的時間點，正好就是她把自己對丈夫的怒火，跟所有情緒垃圾全丟給兒子的時候。如果照她的說法，丈夫應該從很久以前就已經是造物主創造的寶貴造物了，這並不是一朝一夕之間發生的事，那為什麼她現在才突然把上帝搬出來，說著「他是上帝珍貴的兒女」，所以自己必須要原諒丈夫的話呢？這其實是一種看起來有模有樣的潛意識騙術。這名女性下意識地將長久以來累積的怒氣全轉移給兒子，但這種行為不能夠被自己的意識發現。

她其實並沒有原諒丈夫，她只是幫自己製造了一個已經原諒丈夫的不在場證明，並蒙住自己的雙眼，偷偷把背負數十年的重擔交給了兒子，減輕自己心中的重量。她以為從此之後就能過得輕鬆一些，但她的兒子就不同了，他無法若無其事地接受這個情況，所以只能透過重演過去的衝突，向母親提出抗議。

這世上沒有絕對的弱者，也沒有絕對的強者。因為只要我們不去否認潛意識的存在，這世上也不會有絕對的被害者與加害者，也不會有人性本善或人性本惡的說法。

我們很容易會在承受人生中各種重擔的同時，選擇逃避面對最重要的事物。因為比起面對、接觸或忍受，直接逃跑顯得輕鬆許多。當然，這也是因為潛意識的欲望緊緊地束縛著我們。

但這並不代表這名女性一直以來的犧牲奉獻都不具有任何意義，她只是需要一些勇氣，去認清自己究竟做了些什麼，並試著接受這個事實。她也要靜下來好好思考，想想可以為現在的自己和家人們做些什麼，又要怎麼一起克服這些衝突。她不能總想著要消除兒子對丈夫的憤怒，或是選擇對這些衝突視而不見，她最應該做的事情是給彼此一點時間，陪伴兒子一同撐過這個時期。唯有這麼做，她的兒子才有辦法釐清現在的情況，進一步產生想要擺脫這種緊張關係的想法。

失去對象的歸來

「被壓抑的事物一定會重新歸來。」

——佛洛伊德

晉宇的母親在他小時候因為常常生病，幾乎可說是以醫院為家，因此晉宇是被父親和奶奶帶大的。順利從大學畢業後，晉宇出了社會，用高超的手腕經營自己的事業，和公司職員們的關係也相當好，可說是個社會化相當成功的大人。看似一帆風順的晉宇，在他五十歲那一年面臨事業上的危機，甚至引發了恐慌發作。嚴重到他覺得再這樣放任不管，自己可能會就這樣死去，便來到了諮商室。

晉宇第一次來諮商室的時候，可以感覺出他對父親有著相當程度的憐憫和愛意，對實際上沒什麼接觸的母親則沒有太多記憶和感情。晉宇的奶奶在他上大學時離開人世，從那之後就只剩晉宇和父親兩個人一起生活。即便日後晉宇結了婚，他們夫妻也還是跟晉宇的父親住在一起。

大概從四十多歲開始，晉宇人生中出現了各種問題。一開始明明是因為和妻子相愛才選擇結婚的，但隨著時間的推移，兩人之間的溝通卻變得越來越不順暢。和妻子之間的溝通問題讓他時不時就會被孤獨感籠罩，到最後甚至出現了恐慌的症狀，這讓他感到十分恐懼。

接下來的兩年半，透過詳細的精神分析，晉宇開始了解到許多關於自己的事實。直接說結論的話，就是晉宇意識到自己內心早已刪除的母親，在某天透過各種症狀再次出現在他的生活中，這個事實讓晉宇感到非常震驚。晉宇第一次來到諮商室的時間點是他滿五十歲那年的秋天，而他的母親被診斷出失智症，進到療養院休養，徹底從晉宇的生活中消失時，也正好是五十歲那年的秋天。原本早忘得一乾二淨，從沒當成一回事的各種事件一件件從過去被召喚到現在，這個巧合也是從其中一個瑣碎的事件中發現的。在談論著兩件事情的關聯性時，晉宇是這麼說的：「假如站在理智面去思考的話，會覺得這種巧合根本就不像話，但我的心還是選擇相信這兩件事是有關聯性的，會有這樣的想法我自己也覺得很驚訝。」

因為受到父親和奶奶的影響，晉宇一直以來都認為母親是個不負責任的壞人，所以他選擇把所有關於母親的記憶都埋藏起來，將母親這個角色推到自己的人生之外。那為什麼關於母親的記憶，會在這個時間點突然出現在晉宇的腦海中，盤旋不去呢？晉宇之所以會在活了大半輩子後，因為受突如其來的恐慌症等症狀纏身，無法繼續正常生活，其實都是因為父親暗暗施加在他身上的壓力，晉宇的奶奶也和他的父親一樣，要求晉宇將母親這個人從他的人生中刪除。晉宇過去透過聽父親和奶奶的話得到某種滿足，但對現在的晉宇來說，服從父親和奶奶的命令這件事，已經無法為他的人生帶來任何意義和快樂了。

在長期把母親當成是壞人的過程中，晉宇產生了做為一名兒子的失落感。因為父親的命令，晉宇根本沒有機會好好哀悼自己失去了母親這件事，就這樣把這種失去母親的失落感藏在心中深處。晉宇因為沒能好好哀悼母親，最終引來恐慌症狀的時間點，正好跟母親進到療養院，完全從晉宇的生活中退出的時間點一致。晉宇能夠察覺到這兩件事件的關聯性也是件非常驚人的事。

透過精神分析，晉宇才對母親有了全新的認知，一直以來都被自己當成是壞人的母親，其實不過是名脆弱的女性。母親從父親和奶奶那裡受到了非常大的壓力，最終還是忍受不住兩人的精神虐待，患上了疾病。晉宇也是這時候才了解當初自己決定要和心愛的妻子結婚時，其實也在潛意識裡經過一番思考，他心裡想著的是要選一個最適合當父親媳婦，能夠和父親一起好好生活的女性。

但即使知道了藏在表面下的真相，生活也不會產生什麼巨大的變化。就算察覺到心愛的妻子，其實不過是父親的媳婦，而不是自己的妻子，對妻子的愛也不會就這樣消失或有所不同，反倒會因為領悟到這點，開始用另外一個角度看妻子。在知道他一直以來都將自己的幻想投射在妻子身上，讓妻子成為他理想中的「父親的媳婦」時，心中不禁對妻子感到歉疚。也是在這個時間點，他才發現妻子其實是個和自己的想像截然不同的人。

雖然晉宇的母親一直以來都被他排除在生活之外，成為晉宇心中的巨大黑洞。但對小時候的晉宇來說，她就只是一名平凡的母親，是失去會思念，會依依不捨的存在。因為家人們的暴力言語和態度，晉宇在不是出於自願的情況下完全失去了母親，並壓抑著這樣的情緒。那些藏在晉宇心中深處關於母親的記憶在此時湧現，動搖了晉宇的生活，其實是一種要好好面對失去的信號，而晉宇也準確地掌握了這個信號。

知道原因對出現在我人生中的現象和症狀並不會有任何直接的影響，這不過只是在為失去的東西表示哀悼而已。依照哀悼方式的不同，我們可能會作出從未作過的選擇，眼前也可能會出現一道新的大門，帶領我們走向從未踏上的道路。

不安帶來的愛的快樂

「不安會在意識到自己無法維持潛意識中的某種享受時過度發作。」

前面的內容曾提及母親可能會時常產生想傷害孩子，或是摔孩子的衝動，並對自己不知道會不會出於衝動，真的對孩子造成傷害感到恐懼。會有這樣的情況，並不代表這名母親是情感上扭曲的壞媽媽，她只是因為某些衝動長期被壓抑著，沒有得到滿足而已。

我希望大家不要被不安的狀態給欺騙了。女性們心中產生的各種不安乍看之下像是現實，但更多的狀況下都只是幻想而已。做為一名精神分析師，我現在要教導各位如何正確面對不安的情緒。

「不安其實是一種信號，告訴我們潛意識裡的某種衝動正蓄勢待發。假如沒有好好抓住這個信號，進到潛意識裡解決問題的話，可能一輩子都會被現實中的各種不在場證明所蒙騙，一直處在痛苦和尋找解決痛苦方法的循環之中，最終迎來生命的盡頭。」

學著去懷疑是不安還是不滿足

所謂關注自己的潛意識，就是要對表面上看起來名正言順的理由全抱持懷疑的態度。假如痛苦和衝突不停發生的話，我們就可以很肯定地說這是潛意識在發出信號。比起想盡辦法去除現實中的障礙，我們真正應該做的是好好掌握這個信號要表達的意思，在面對各種狀況時，都要反過來思考。

明明心裡就很抗拒，但某個事物、某段關係或某個狀況還是重複發生的話，就要開始懷疑「我的潛意識是不是在享受著這種狀況」。只有這麼做，我們才有辦法進入那條通往潛意識的狹窄通道。在意識層面上，潛意識的享受會透過痛苦、嫌惡、噁心或不安等狀態表現出來。

這種能讓自己獲得潛意識滿足的對象不一定會一直是同一個人。舉例來說，許多對自己和丈夫之間的關係已經沒有任何期待，打從心底認為再怎麼和對方爭執，也得不到任何東西，心中已經放棄維繫夫妻關係的女性，就會把所有注意力都放到子女的身上。從表面上看來，她們似乎已經放棄了丈夫，也放下了一切，但其實這只是一種對象的轉移而已。

如履薄冰的夫妻遊戲

以工作上的需求為由，每天喝酒應酬的男性不在少數，因此有許多女性為丈夫的酗酒問題所苦。即便如此，酗酒問題還是無法概括所有夫妻間的爭執。不過我在這些痛苦的女性們身上發現了一個共同點，她們一般都負責育兒或家務，比起考慮自己的需求，更常選擇迎合丈夫，為了維持家庭作出各種讓步和努力。

在一個家庭之中，原本就會有一方犧牲的比較多，而大部分的女性都會自己跳入那個犧牲者的位置，並認為自己是婚姻中的弱者。她們主動放棄自己能夠享有某些權利，或是向對方提出要求的機會，把所有心思都放在照顧丈夫或孩子身上。但這種放棄並不是單純的放棄，這也是為什麼作了再多犧牲，夫妻間還是會不斷產生衝突的原因。

許多有在工作，或是本身是專業技術人員的女性也會遇到類似的難題。因為這些女性把重點全放在自己所放棄的事物上，便理所當然會覺得丈夫應該幫忙做其他事情。舉例來說，她們會希望丈夫在提早下班的日子能幫忙做家事，表現得更體貼一些，或者是週末帶家人們一起出門遊玩。

但這些女性並不會把上述的需求說出口。她們認為丈夫應該要更自動自發一些，像是變得更貼心一點，來填補那些自己放棄某些事物帶來的空缺。這些女性放棄了屬於自己的所有權利，並將自己能否變得幸福或得到滿足的決定權交到了丈夫的手上。正因為如此，這些女性會不由自主地看丈夫的臉色。其實要說是看臉色，更正確的說法應該是她們時時刻刻都在擔心丈夫無法拼好自己擺上的這幅拼圖，才會一直處在戰戰兢兢的狀態。

而丈夫們一般都會將妻子主動放棄某些權利視為理所當然，並不會想著要對妻子更體貼一些，或是努力用更多的愛來彌補妻子。在這種狀況下，丈夫們反而會更專注於自己的個人生活和興趣愛好上。長期被丈夫忽視的妻子也就自然會對此感到不滿，這種不幸和不滿足的感受只能透過對丈夫發牢騷來抒發。面對妻子的嘮叨，丈夫還是依然故我，每天喝得醉醺醺的。他們也會看妻子的臉色，但那並不是因為在意妻子的感受，或擔心她會不開心，而是因為妻子的嘮叨彷彿成了某種禁忌，讓他有種走在搖搖欲墜鋼絲上的刺激感。

假如妻子不再嘮叨，對他總是喝酒的行為放任不管的話，丈夫反而會覺得去喝酒也沒什麼意思。而妻子的牢騷和限制，反倒讓喝酒這件事成了丈夫心中，任何事物都無法比擬的生活樂趣。也就是說妻子的嘮叨和抱怨，讓丈夫酒杯中的酒變得更甜了。

關於好母親、好妻子的幻想

雖然妻子因為丈夫喝酒的行為感到痛苦是事實，但這些女性們必須要了解一個重點，那就是她們緊盯著丈夫的視線和叨念，會讓男性更想在這場你追我跑的遊戲中勝利，想盡各種辦法逃出妻子的掌控。而女性們其實也在潛意識裡享受著這令人感到不快的遊戲。這裡所指的享受並不是常理上說的享受，而是一種潛意識的享受。這種享受一般來說都不是什麼愉快的經驗，而是一種令人難以接受、感到厭惡且殘酷的過程。

某些女性就相當享受於將滿足自己的責任轉嫁到男性身上，她們享受的已經不只是等著男性滿足自己未說出口需求的過程，而是在不將自己的需求說出口的同時，緊緊咬著未滿足自己需求的丈夫不放。緊盯著丈夫一舉一動的目光和每一句嘮叨，都成了這些女性享受於其中的方式。她們認為自己已經主動放棄了這段關係中的某些權力和權利，所以對另一半有所要求也是非常合理的。假如能遇見一個能察覺到妻子的犧牲，盡力滿足對方所有需求的丈夫，自然是一件十分幸運的事。可惜的是人類，尤其是男性，比起滿足他人更善於滿足自己，他們不會這麼輕易就放棄屬於自己的快樂。這種自私並不是某種人獨有的特徵，也不能說是一種人格缺陷，這僅僅是因為我們是人類，而人性本就如此。因此在這樣的過程中，女性又再次感到不安。

不安會在意識到自己無法維持潛意識中的某種享受時過度發作。當令人感到不快和恐懼的潛意識享受突然襲來時，我們的不安也會發作。此外，因為現實中總是有許多表面看起來十分合理的理由，因此不安發作的原因便很容易會被誤以為是源自於現實中那些需要解決的問題。

從心理結構上來看，這些女性享受痛苦的行為是歇斯底里現象中的一種。她們的潛意識裡都有對「好母親」、「好人」、「正派的人」和「謙虛的人」等形象保持某種程度的幻想，對這些角色有一個理想的形象。對這些女性來說，直接追求自身的滿足背離了這個理想形象。也有許多女性在潛意識裡，會對追求自身的滿足和快樂產生罪惡感。我們需要記住的是，潛意識的世界絕對不會被常識和合乎邏輯的理由所支配，潛意識早已作好萬全準備，隨時都可能會欺騙我們的意識與各種感受。

當我們感受到某種愉悅感違反了內心所堅持的理想形象和概念時，便會感到不安。除此之外，當某段關係開始朝著令雙方都感到痛苦的方向走去，潛意識卻隱約在享受著這種不快時，一旦享受痛苦的情況過了頭，也同樣會感到不安。

欲望靠著吞噬匱乏而活

「欲望隸屬於剩餘的領域，是一種絕對無法滿足的殘留物。」

一名和我很要好的學妹經常會叨念著同樣的煩惱。

「學姊，我跟那個人交往，其實也沒對他有什麼特別的期望。只不過是想跟他一起聊聊生活中的小事，有時間就一起去散散步而已，這樣不是很好嗎？但他連這些都不願意做。我要求的也不是什麼多困難的事情，只不過是晚上抽出一點時間來陪我散個步而已，對他來說就跟到天上摘星星一樣困難。我一直以來交往的男性剛開始看起來都不是這種人，也是因為這樣我才會喜歡上他們，結果交往後才發現每個人都半斤八兩。為什麼我交往的對象總是這種不解風情又木訥的男人啊……還是其實問題是出在我身上呢……」

這微小的幸福對這名學妹來說就像是永遠無法達成的夢想。她只不過是想跟男朋友手牽手散個步而已，卻怎麼都無法如願，這讓她既焦慮又沮喪。這件事說來也很奇怪，平常走在路上，明明就經常能看見戀人們手牽著手散步聊天的景象。不管是在公園，還是在風景宜人的地方，處處都能看見戀人們走在街道上，為什麼這名學妹就是無法成為這一大群人中的其中一個呢？真的是因為學妹本身有什麼問題，才會每次都跟只想躺在家裡，什麼事都懶得做的男人交往嗎？

我想要的究竟是什麼？

假如我們有真的很想擁有的東西，卻無法得到它。那在因此感到挫折，感到失望的同時，一定要記得問問自己這個問題。

「這真的是我想要的東西嗎？」

願意花時間和女朋友手牽手散步的男性其實大有人在，問題是這名學妹無法被那樣的人給吸引。學妹並不是沒辦法和說話輕聲細語，有時間就陪她去散步的體貼男性交往，只是就算這類型的男性出現在她眼前，她也感受不到對方的魅力。假如這名學妹心中真正想要的，是和一名能夠和她分享生活的男性交往，從瑣碎的日常中得到樂趣的話，她就必定會選擇那個人。

為了達成欲望而孤軍奮戰，其實是一種為了填補匱乏的行為。假如你很想要某樣東西，卻在爭取的過程中不斷受挫，受到挫折後還是不放棄，依然想要同樣的東西的話，就要仔細思考這個東西會不會其實根本就不是自己真正想要的。這名學妹說她所盼望的不過是平凡的日常，但在她的潛意識中，她真正想要的可能是完全不同的東西。

這名學妹總是在要求並不具有該特質的男性滿足自己的需求，並沉溺於自己得不到這個東西的欠缺感之中。一旦她缺乏的這個黑洞被填補起來，對方對她而言就沒有任何用處了。這名學妹之所以能夠和歷任男友維持一定時間的關係，是因為兩人關係之中的匱乏為她帶來了痛苦，她也能仗自己所承受的痛苦不斷向對方提出要求。假如某天她男朋友的心境產生了變化，決定要變成學妹理想中的那種人，她不見得會真的變得比較幸福，有更大的可能是被突然襲來的空虛感擊倒，像個迷路的人一樣茫然失措。

拉岡曾說「所謂愛情，就是給對方自己沒有的東西」，完全放棄自我也包含在其中。假如男朋友為了女朋友作出改變，給予對方自己原本沒有的溫柔體貼，每天晚上都陪女朋友散步的話，這就可以稱作是真正的愛情。但最討人厭的是，這名學妹的歷任男友愛對方的方式剛好與之相反，他們就是不願意滿足對方的需求，因為只有如此，另一半才會不停纏著自己，為此感到著急，並全心全意地看著自己一個人。他們之所以不輕易滿足另一半，其實是不想讓對方離開自己。

如果一直像這樣渴望著對方所沒有的東西，始終無法放下那個欲望，就會在另一方無法滿足自己的欲望時，造成激烈的衝突，落得淒慘的下場。拉岡將那個我們想要，但因為對方身上沒有，所以無法給予的東西稱為「藏匿的寶藏（agalma）」。

欲望隸屬於剩餘的領域

欲望其實就是想擁有自己缺乏的事物，並為了填補那個缺，做出「不停尋找」、「反覆提出需求」的行為。讓我來為你們講講另一個例子吧！有一名女性因為太想要擁有香奈兒的 A 包包而努力存錢，薪水全都花在刀口上，眼裡只看著香奈兒的 A 包包，不停地往前衝。在一段時間的省吃儉用後，她終於存到錢買香奈兒的 A 包包了，照理說得到想要已久的東西，這名女性應該會覺得非常滿足，充滿幸福感才是。但這名女性在得到香奈兒的 A 包包後，那種如願以償的愉悅心情並沒有持續太久，她的目光立刻就轉向了香奈兒的最新包款 B 包包。這樣的過程不斷重複，最後她就不停地蒐集著一個又一個的香奈兒包包。

其實這名女性的欲望對象並不是香奈兒包包本身，而是自己為了買到這個包包所作出的努力和整個過程。當她得到 A 包包的同時，就等同於失去了努力的目標，於是她為了填補這個空虛感，便將目標轉向 B 包包。

從十坪大的小套房搬到二十坪大的房子應該會覺得很幸福，但真的搬到二十坪大的房子後，比起好好享受比過去更寬敞的空間，人們的注意力通常會放在三十坪大的房子上。不管怎麼換都覺得缺少了點什麼，還是無法滿足，所以不停地想要換到更寬敞的房子。

欲望是一種永無止盡的反覆行為，人的一生似乎都在填補那些不足之處之中度過，就這樣迎來生命的終點。匱乏會引發對擁有的欲望，但一旦被捲入，這就是個永遠無法填滿的欲望地獄。

關於欲望，拉岡提出了這樣的公式：

「需求減掉需要後，剩下的才是欲望。」

欲望隸屬於剩餘的領域，是一種絕對無法滿足的殘留物。

人類有著生物學上的需要。舉例來說，肚子餓了就需要食物，進食過後就能夠消除飢餓感。需求則是源自於為了滿足需要的語言化行為，例如產生飢餓感，需要進食的時候，人就會表現出對食物的需求。但有時在吃飽喝足後，我們還是會覺得有點空虛，於是在飯後喝了咖啡，接著又吃了水果。但還是覺得沒有被滿足，總是會嘴饞，想著接下來要吃什麼，欲望就是指這種不停找尋食物的行為。

欲望無法被滿足的特性

當我們對某個對象提出需求的時候，經常會認為自己會這麼做是因為過往對某個東西的匱乏，或是那些曾經受過的傷（這些的確占了很大一部分的原因），且深信只要這個需求被填補，就會感到滿足，變得更加幸福。但即便填補了過去所欠缺的事物，對過去所受的傷給予補償，也從戀人那得到充足的愛，欲望也不可能被填補，我們也還是無法獲得滿足，因為欲望還是在那。欲望已經成了為填補匱乏而努力的目的，反覆提出需求的行為本身就成了一種欲望。

我的這名學妹不斷選擇無法滿足自己情感上需求的男性，為了填補這種匱乏獨自努力著，並重複著同樣的關係。對這名學妹來說，對男朋友提出自己需求的行為已經成了她的欲望，因此她可能是為了保障自己的這個欲望能不斷地被滿足，才會一直選擇同樣類型的對象。又或者是她在自己也沒有察覺到的狀況下，不停煽動對方做出同樣的行為，藉此滿足自己的欲望。

所有關係中都會存在著某種欲望。而欲望在戀人、夫妻，以及父母和子女之間的關係又尤其明顯。每個人的內在結構都不同，所以重複自身欲望的方式跟表現形態也不盡相同。有些人的方式可能具有破壞性，也有可能含有虐待和被虐的性質。克服這些念頭，發現自己新的一面，就能讓自己從欲望之中解脫。停止這種既消耗自己能量，又充滿負面能量，只為滿足自己欲望的行為，並將自己從不斷反覆的欲望泥沼中拯救出來，這樣的過程就叫做「昇華」。為了能夠讓我的欲望和各種症狀達到昇華的境界，我們所需要做的第一步就是開始分析自己。

藏在幻想中的愛情欲望

「每次看見有著類似劇情的電視劇和電影，我們總是不斷地為自己的現況哀悼，將現在的一切全都忘掉，喚起過往的甜蜜與快樂。」

電視劇《陽光先生》播出當時的收視率非常高，我的同事裡面甚至有人重複看了那部電視劇好幾次。來到諮商室的當事人們有時會跟我分享讓他們印象深刻的電視劇和電影，或是告訴我他們在看某部影視作品的時候，情緒有較大的起伏。舉凡是他們跟我提過的作品，我都會想辦法找時間去看，即便沒辦法很仔細地觀看，我還是會把當事人們印象深刻的場景看過一遍，試著了解他們觀看當下的感受。

在《陽光先生》一劇中，能看到眾多男性圍繞著一名女性，用不同的方式對她表達自己濃烈的愛意。在女性的幻想中，總是希望能有個即使什麼話都不說也能察覺到自己的細微變化，在遇到危機或關鍵時刻時，能像魔法一般現身，前來拯救自己的男性，而這樣的形象其實就是一般人心目中完美父親的形象。

假如要用一句話概括圍繞女主角的這三名男性表達愛的方式，最適切的應該就是「完美無缺的保護」，這三名男性為了保護女主角不惜犧牲自己的生命。看似完全不同的三名男性還有一個共通點，那就是他們和自己的母親之間都有些故事。女主角則是個剛正不阿，為了顧全大局，能夠不帶一絲猶豫選擇犧牲自己的女性，這也是韓國傳統母親的形象。這些美麗的愛情和隱喻的背後，其實都有著藏在人心深處，對於近親相姦的欲望。大部分的電視劇之所以會受女性喜愛，正是因為這些作品是由許多能滿足女性幻想的情節所組成的。

精心裝飾過後的性幻想

但只有女性們才會這樣嗎？其實人類會透過許多方式表露出對於近親相姦的欲望。例如電視劇中被丈夫拋棄後，咬著牙獨自撫養孩子的女性，某天遇見了比自己還要年輕，長得又帥氣的男性。這名男性把對方的孩子當成自己的弟弟或是兒子般照顧，又或者是跟她的孩子像朋友一般相處，藉此得到這名女性的芳心。

劇中年輕男子這個角色其實是一名兒子的化身，他除掉了有暴力行為的父親，並將母親從苦海中拯救出來。兩人的相愛說穿了就是在表達對近親相姦的欲望，只不過這樣的幻想被電視劇的美麗糖衣包裝起來了。少年內心深處其實存有從惡劣的父親那保護母親，取代父親角色的欲望。在奪走父親的位置之後，自己在那個位置與母親相愛，接著把對方的兒子當成是自己，並悉心照顧那個孩子，扮演起救援者的角色。

男性們經常會透過法律、規則和秩序的服從或指使來獲得喜悅。有一部美國電影叫做《格雷的五十道陰影》，電影裡的男主角透過嚴格的規則和控制，用施虐的方式來隱蔽自己的傷痛和脆弱。這個角色同時也利用各種規則和秩序去控制對方，並從中獲得喜悅，展現了非常典型的男性欲望。我們一般都會稱這種行為叫「強迫症」。

戰爭類型的電影的內容一般脫離不了在嚴厲的命令、服從和控制之下進行各種駭人的暴力與虐待的情節，電影裡頭這種自成一格的秩序讓男性們為此狂熱。在父權和男性的權威被允許的情形下，慘絕人寰的暴力和屠殺現場裡頭出現的人類愛和戰友之愛，在男性的眼裡變得更加耀眼動人。

除此之外，男性們即便發生婚外情，也不願意離開家庭的理由，並不是因為他們愛自己的妻子勝過外遇的對象，他們只是害怕所有規則和秩序都會被打亂而已。對他們來說，家庭是一個絕對不能打破的秩序，這和愛情或其他感情都沒有任何關係。只有女性才會為男性堅持不願意離開家庭的行為賦予「因為他還愛著妻子」、「因為他對婚外情對象的愛還不夠深」等意義。

雖然不能夠以偏概全，但大部分的女性在婚外情發展到一定程度時，一般都不會抗拒離婚，理由不是因為她們缺乏母性，而是她們對於越過界限能享受到快樂這件事比男性來得更大膽。女性本來就比男性更善於避開各種戒律，將一切當作沒發生過。

相似的快樂與哀悼

電影和電視劇的走向一般就是一路進入劇情高潮，劇中的角色們戰勝了一切逆境，迎來了幸福結局。在看見角色們越過所有障礙，劃下完美的句點時，我們心中會有種滿足感，但同時也會感到空虛。

「他們從此過著幸福快樂的生活。」

雖然故事就這麼落幕了，但我們的欲望還是現在進行式。劇中的角色後來過著怎麼樣的生活呢？他們真的能像結局一樣幸福，一直相愛下去嗎？假如那些角色回到這枯燥無味的現實，應該也會過著和我們無異的人生吧？即使我們心裡都很清楚這一點，但每次看見有著類似劇情的電視劇和電影，我們總是不斷地為自己的現況哀悼，將現在的一切全都忘掉，喚起過往的甜蜜與快樂。即便我們心裡都很清楚，這種快樂並不是真正的快樂，只是和快樂相似的感受罷了。

女人愛的方式

「關於真正的強大有個說法，那就是只有在接受，並允許自己表現出懦弱的一面時才能發揮最大的力量。」

美國電影《霓裳魅影》（Phantom Thread）裡頭用象徵性的方式，仔細地描繪了男性與女性的欲望。電影中追求完美無瑕，自戀到了極點的男主角雷納茲，還有透過這樣的男性證明自己的女主角艾爾瑪展開了一段火熱、隱密又有些邪惡的愛情。

在電影裡頭，艾爾瑪為了雷納茲獻出自己的一切，艾爾瑪這種獻出所有的模樣，展現了女性們在面對愛情時的態度。艾爾瑪透過雷納茲對自己有了新的認識，也見到了和過去截然不同的自己。當艾爾瑪穿上雷納茲做的衣服，並表示自己對布料不甚滿意時，雷納茲的回答是要她改變自己的品味。聽見這句話後，艾爾瑪回答她目前還沒有自己的品味。這是一句患有歇斯底里症的女性會說出的台詞，也是在表達有些女性想透過男性放棄原本的自我，藉此獲得新的自我認同。

奉獻型愛情的另一面

艾爾瑪透過雷納茲獲得了新的自我認同感，過去的她曾經很討厭自己的身體，但透過雷納茲的視線，她對自己的身體有了全新的認知，也開始愛上自己的身體。女性的奉獻裡頭並不是只有無條件的放棄，她們沒有任何動作不代表著會完全服從對方的命令、對他百依百順，她們堅持不懈地等待著，等待那個能實現自己欲望的最佳時機。最終艾爾瑪還是不打算待在雷納茲設下的框架裡。

雷納茲非常重視吃早餐時的寧靜，對噪音十分敏感，但艾爾瑪卻肆無忌憚地在吃早餐的時候做出在酥脆吐司上抹奶油、倒水等會發出聲響的動作。她很清楚自己不會因此就丟了一條小命，所以毫無顧忌地挑釁雷納茲。與此同時，艾爾瑪也用了一些小手段，讓雷納茲需要自己，鞏固自己在他身邊的地位。身為一名女性，她最大的欲望就是成為想擁有自己的男性的唯一對象。

控制型愛情的另一面

艾爾瑪在雷納茲的食物裡加了會讓他生病的毒蘑菇，而雷納茲也心甘情願地嚥下了。這是雷納茲徹底向艾爾瑪投降的瞬間，也可以說是為了全然接受艾爾瑪，實踐將自己完全交給對方的愛情的瞬間。在艾爾瑪的撫慰和照料之下，雷納茲將自己完全交到了她的手上。一直以來，雷納茲都把女性當作是彌補自己不足的存在，一切都只能按照他的方式和標準去進行，也無法容忍絲毫的誤差。雷納茲認為自己必須要控制一切，不容許任何不在自己計畫之中的情況發生，從這裡可以看出男性具有「強迫性」的傾向。

在遇見艾爾瑪之前，雷納茲和之前的女性都會維持一定的距離，不讓她們越過他定下的界限。雷納茲的第一個女人沒能取代他那如靈魂一般陰魂不散的母親的位置，但艾爾瑪非常有耐心，她慢慢地進到了雷納茲的內心深處。當艾爾瑪想要取代雷納茲母親位置的時候，雷納茲激烈地反抗，試圖將艾爾瑪推離那個位置，但最後他還是投降了。雷納茲最終還是吃下艾爾瑪給他的毒蘑菇，這就等同於是把自己丟進不知道會發生什麼事的漆黑未來裡。但這樣的行為也許正是男人們所能選擇的，最危險也最艱難的愛情路。

強迫自己要徹底掌控某些事物的行為看似很強勢，但其實撐在這種強勢背後的是極度的軟弱。關於真正的強大有個說法，那就是只有在接受，並允許自己表現出懦弱的一面時才能發揮最大的力量。雷納茲最後選擇吃下艾爾瑪給他的毒蘑菇，代表他真正接受了他們兩人之間的關係，任由自己成為她心中所想要的脆弱的存在。這從另一個方面來看，雷納茲是不是其實變得更強大了呢？因為他終於願意讓人進入他那誰也進不了的世界了。

創傷造成的愛的空缺

永勛來到諮商室是在他被宣判癌症末期之後，他之所以會來到這裡是因為想更了解自己的人生一些，如此一來才能不帶恐懼地面對死亡。

五十三歲的永勛在五歲時和母親分開，因為父母離婚，永勛便由奶奶一手拉拔長大。永勛的奶奶代替他的母親，給了永勛滿滿的愛。在奶奶的疼愛下長大，永勛的成長過程從未叛逆過，後來也順利在大型企業找到工作，過著能算上是一帆風順的人生。但就算奶奶再怎麼疼愛自己，永勛的心中始終有一塊名為母親的缺，明明不存在，卻硬是空了一塊空間在那。

「母親沒有選擇我，我被拋棄了」的想法在永勛的心中挖了一個無法用言語形容的黑洞。雖然母親不在身邊，但永勛心中一直都無法停止想念她，在進大學就讀後，這股想念化為強烈的孤獨感，朝著永勛襲來。在這樣的狀況下，永勛在談戀愛時對另一半都會太過執著。當永勛再也無法忍受這種孤單和空虛感時，他開始沉溺於酒精之中，曾經是人們眼中乖乖牌的永勛只要一喝酒，就會突然變成一隻兇猛的野獸。

後來永勛遇見了心儀的女性，與其結婚後生下了一對兄妹。多年來，兩人就這樣一起扶養著孩子，現在子女們也都成為大學生了。但他們的婚後生活並不如想像中平靜。永勛雖然很愛妻子，但他喝了酒之後總是會失去理智，對妻子拳打腳踢。永勛的妻子說他雖然平常看起來斯斯文文的，但只要幾杯黃湯下肚，眼神就會突然變得不一樣，像是完全變了一個人似的。

永勛結婚沒幾年就開始酗酒，並對妻子施暴。值得留意的是，永勛開始對妻子拳腳相向的時間點是發生在大兒子五歲的時候。從精神分析的角度來看，永勛會在這個時間點對妻子施暴，有可能是受他潛意識裡頭的記憶影響，又或者是和永勛從家人們的口中聽到的過去有關聯。永勛在自己的孩子五歲時開始對妻子暴力相向，在臨床上是具有其特殊意義的。永勛的內心深處究竟發生了什麼樣的變化，才會讓他對妻子動手呢？仔細分析永勛對妻子施加暴力的時間點，就會發現永勛和母親分開的年紀正好是五歲，這和大兒子當時的年紀相同。從這個關聯性來看，永勛對妻子施加的暴力便可解釋為是他對母親離去的哀悼和報復。

但比起哀悼和報復，在我看來永勛只是把自己的母親投射在妻子身上，並透過施加暴力的方式和母親接觸，和母親待在一起。永勛對妻子拳打腳踢的行為，是一種尋找母親並與其在一起的病態方式。

永勛在家中一直都是個大男人，也是個傳統的權威型父親，所以家裡的大小事都是以自己為中心作決定，妻子在婚姻生活中也只能不斷地配合他。其實永勛的妻子好幾次都想拋下永勛，自己帶著孩子們離開，但她眼中的丈夫就像一隻受了傷，正掙扎哭喊著的小野獸。永勛的妻子最後還是狠不下心拋下這個心千瘡百孔的靈魂，決定留在永勛身邊，守護他到最後一刻。

全然給予的愛

永勛告訴我患上癌症，與病魔對抗的這些日子是他人生中最幸福的時光。現在的他就像一隻溫馴的小羊，將生活中的一切都交給妻子幫忙打理，在妻子的照顧下，他的每一天都充滿感激與愉悅。同樣地，妻子從永勛那得到了所有權力，看起來非常享受能掌控丈夫日常大小事的生活。她在照顧丈夫的過程中非但不覺得累，還用心地安排日程和食譜，每一頓飯都親手做給丈夫吃。每當永勛不聽自己話的時候，她甚至還會發脾氣，永勛的妻子就這樣重新找回了生活的活力，但她之所以能找回生活的活力並不是因為丈夫的疾病。而是因為他們夫妻二人一直到站在癌症和死亡，這兩個人生巨大的障礙面前，才真正成了完整的共同體。

在兩人的婚姻生活中，永勛被自己粗暴的哀悼方式一再打倒，而當他對失去母親的哀悼迎來結尾時，死神也大步大步地朝永勛走近。永勛在意識到自己曾經那麼害怕的死亡也是一種愛的方式後，便對離開這個世界沒有任何畏懼了。永勛告訴我，現在死亡對他來說就像是跨過一條線一般輕鬆的事。

我們都不知道永勛還剩下多少時間能活，也說不定會發生奇蹟，讓他和妻子一起越過死亡這個險峻的山嶺。但就算永勛的來日不多，至少他現在還能和妻子共度這段時光，就算日後真的離開這個世界，他也會因為能夠懷著這段回憶而去，不會有絲毫的後悔。這樣的愛情看似非常自私，但無論未來會變得如何，他們夫妻二人真正接納彼此的時間，遠比未來剩下的時間，還有過去苦撐過來的那段時間還要來得重要許多。

男性表達自身的愛最激烈的方式，是否就是放棄自己的身體，並把自己的生命完全交給對方呢？他們一輩子都以威權控制著自己和家庭，最後卻選擇放棄自己的所有權力，透過「身體的死亡」，將自己完全交給對方。

Chapter3

曾經對男人有過幻想

——關於妻子心目中的理想男性形象

在名為父親的幻想之中

「女人的心中存在一個幻想，她們希望能遇見一個知性、善良、敦厚，度量又大的男性，這同時也是一名理想父親的形象。」

明玄多年來一直都在教會幫牧師的忙。在明玄心中，牧師有著高尚的人品，還有一顆無法對他人所受的折磨和苦難視而不見的心。看著如此善良的牧師，明玄認為自己能為他做任何事。

但面對明玄的付出，牧師並沒有照單全收，他和明玄之間保持著客觀的距離，且總是要她把自己的成長和幸福放在第一順位。聽見牧師這麼說，明玄反而變得比之前更加恭順，對宗教活動也變得更加癡迷了。為了能夠更好地領受牧師的教誨，甚至還去讀了神學院。但明玄越是熱中於宗教活動，她和丈夫的關係也就越來越疏遠。明玄認為丈夫沒有牧師的成熟穩重，也沒有牧師的智慧，在她眼裡，丈夫就像是一個幼稚的孩子，也正因為如此，她變得越來越不關心丈夫。

明玄將所有心力都投入到教會活動和靈性學習之中，但隨著相處的時間越來越長，牧師變得越來越想知道明玄所做的所有事情和她的想法。雖然都是和教會有關的事情，但明玄開始覺得自己不管做什麼事，都無法隨心所欲地去做。

牧師後來甚至開始干涉明玄照顧家人的方式。只要明玄的表現未達牧師的標準，沒有成為他口中孩子們的好母親，牧師就會隱隱約約地用言語批評明玄，並對明玄表現出輕蔑的態度。明玄對這樣的狀況感到很不舒服，但她卻認為這都是因為自己的品德不夠高尚，才會造成這個局面，心中也因此產生了罪惡感。明玄將這一切都怪在自己身上，認為自己的行為不夠端正，做得還不夠好，也因此把自己逼得越來越緊。最後明玄意識到自己的狀態已經糟到無法繼續維持宗教活動和家庭生活，便來到了諮商室接受精神分析。

明玄在精神分析的過程中受到相當大的衝擊。因為她這才知道自己會對牧師付出那麼多，其實是她潛意識裡頭有著想要從父親那裡得到認可，讓自己有歸屬感的欲望，而那樣的欲望轉化成了無盡的付出。明玄也終於了解到牧師對待自己的態度其實反映了具有虐待傾向的男性特質。假如要用比較接近精神分析領域裡的說法來作說明，就是明玄已經了解到這名牧師是一個極度自戀又具有強迫性特質的男性，他堅信自己會成為完美無缺的存在，並想盡辦法要完成這個目標。明玄也終於知道這名具有強迫性人格特質的牧師，是如何透過控制女性的期待與幻想來獲得快樂。

當理想的父親形象成為崇拜的對象時

「主奴辯證」是黑格爾用來論述社會現象和結構提出的理論。根據這個理論，假如主人沒有奴隸的稱讚和崇拜便會消失，主人其實是靠著奴隸的勞動、崇拜和尊敬生存的。所以唯有持續地讓奴隸感到不安、恐懼和罪惡感，不讓奴隸的視線有機會轉向別處，主人才得以存在。其實在我們的日常生活中，只要稍微觀察一下，就會發現很多和上述狀況相似的關係，而這種關係在宗教領導人和信徒之間最為明顯。家庭裡妻子和丈夫，父母和子女轉變成這種主奴關係的狀況也屢見不鮮。明玄過去因為丈夫沒能滿足她心目中一名理想父親應有的形象，在家庭中找不到歸屬感，才會熱中於教會活動，對牧師百般奉承，為的就是想填補自己心中的空虛感。

在一段關係中，如果因為某些糾葛對另一方起了疑心，大部分的女性所做的第一件事都是自責，覺得自己不該懷疑對方。所以當女性的內心出現自責或罪惡感等情緒的時候，一定要保持警覺，因為那些情緒可能是女性在沒有意識到的狀態下伺候著的某個主人發出的聲音，必須要跳脫出來，意識到他人正在操控著自己的潛意識。

比起因為自身的懷疑，離開原本全然信任的對象，使自己的幻想全都消失於無形，有許多女性會選擇逼迫自己接受，藉此來守護那個對象。這也是為什麼明玄會用想要更接近真理、想要享受自由、想要好好生活的理由將自己完全交給牧師，任由這段奉獻的關係在自己身上施加令人窒息的不適和控制。

但如果我們從不懷疑那個被自己視為絕對的對象，也不否定絕對他者的存在，我們便永遠無法成為自己。在這個過程中，假裝自己擁有絕對權威那一方，會悄悄地用乍看之下十分合理的理由，誘發對方的罪惡感、不適當感和羞愧感，並藉此機會要求對方完全服從、順從自己。他們會把那些不夠聽話，變得歇斯底里，總是懷疑自己的人當成是會對他們造成威脅的競爭者，又或者是試圖用偽裝成善意和責任的社會通則來控制對方。

比起越過父親這道高牆，明玄其實真正想要的是從父親那得到某些東西。就算身邊已經有了丈夫和孩子們陪伴，明玄還是覺得父親那個位置必須要有人在才行。只不過最終占據了那個位置的不是神，而是牧師。明玄之所以會認為父親的位置必須要有人，是因為那正是她潛意識中理想家庭的形態（父親與女兒），而她一直以來都被幼兒時期關於完整性的幻想束縛著。

理想父親形象的消失

對明玄來說，在父親位置的人就是要像牧師那樣。牧師給了明玄強烈的歸屬感，讓她產生自己正被保護著的幻想，但其實她只是慢慢地被牧師變成一個無法獨立自主，天真又溫馴的羔羊。當然，這也是因為明玄無法放棄被人保護著的幻想，就任由自己困在這段關係中，認為只有這樣自己才能夠享有安全感和幸福。但這份安全感漸漸成了一條限制她自由行動的堅韌繩索，從那一刻開始，明玄始終不願意放下的幻想產生了裂痕。但對明玄而言，根本無法想像被牧師拋棄，也無法想像他有天會從自己身邊消失。因為只要陷入這種想像之中，明玄就會覺得自己彷彿被丟進了伸手不見五指的荒野，陷入極度的恐懼之中。

被丟在一個不存在父性秩序的地方，明玄的內在小孩感到非常害怕，也十分不安。最後明玄終於受不了這種令人窒息的束縛感和不快，覺得不能再這樣下去，於是下定決心要好好重新審視自己的狀態。就這樣，明玄離開了「父親的家」，也就是教會，輾轉來到了諮商室。因為她知道比起歸屬感和安全感，她真正想要的其實是自由，可以自己為自己負責，規劃自身人生的自由。

在和前來諮商的女性一起探究她們內心深處的心願和欲望時，我發現大部分的人都有著非常相似的幻想，她們都希望能夠遇見一個知性、善良、敦厚，度量又大的男性。她們希望這名男性具有樂於傾聽的特質，理解自己的想法，且能用他們的智慧為自己指點正確的人生方向。能夠擔任這個角色的男性通常都是神職人員、被稱為社會導師的宗教人士、精神分析師或學者。換句話說，這就是女性心目中理想的父親形象。

因為我們從沒見過，也從來沒擁有過如此完美的父親，對父親的期待總是無法被滿足，甚至因此而受到傷害。所以許多女性會不停地尋找能夠為自己療傷，彌補自己需求的男性。而這些男性多半會利用女性的這種幻想，佯裝成她們的主人，除了從女性身上得到愛和經濟上的支援外，同時也享受著被她們崇拜的優越感。

許多女性根本不曉得自己是被那名男性給迷惑了，把對方當作是負責實踐真理之人，從來不曾懷疑過對方，對他所說的話總是言聽計從。

在精神分析師之中，也有不少因為在精神分析的過程中抽離個人的情緒，總是保持客觀又知性的態度，被女性們認為是她們心目中理想父親的形象的例子。工作本身的性質也有影響，因為他們在分析過程中必須非常細心，關注當事人的一舉一動。而部分被當成是理想父親對象的精神分析師，會認為自己非常了解對方的一切，堅信只有自己對當事人的觀察和感受才是正確的。

擺脫父性的存在

按照精神分析學家卡倫·荷妮的說法，「這些人潛意識裡的狡詐讓她們堅信自己是為了某種使命而奉獻，並在完全沒有意識到的情形下，將此當作自己獲得成功、權力和利益的踏板」。也就是說她們將自己的潛意識化成一面透明的鏡子，認為只有他人的潛意識才能帶領自己走向正確的道路。我們總是希望自己能夠持續前進，變得更好，遇見成熟的大人和人生導師，渴望自己身邊有能引導我走向正途的父性的存在。

卡倫．荷妮又更進一步地說：

「這些人會這麼堅持自己的立場是正確的，不是因為這是她們心中真實的信念和處事態度，而是因為她們已經被某些『普遍且理想的偏見』束縛了。」

我們希望能透過社會上的領導人，或心中認為其具有相當程度學識的主體，克服自身的軟弱與不足，使自己變成一個更完好的個體。但這種渴望反倒為那些以狡猾又隱密的方式，利用潛意識中父性權威和權力的人提供了養分。

拉岡曾經如此強調過：

「潛意識並不是具有實體的黑暗，也不是邪惡或不當的欲望，它是一種會依據與什麼樣的人在一起，隨之產生變化的東西。」

沒有什麼好害怕的。我內心產生的所有否定和懷疑等感受，沒有一個是不恰當的。拉岡曾說過「不被蒙騙的人感到徬徨」，我們心中的矛盾和徬徨，其實可能都只是因為某個狀態違反了自身對事實的理解和固有的個人真理，所產生的抵抗和吶喊。

我希望各位女性們不要因為違反了被稱為和睦和適應的父性秩序，感到自責或去譴責自己的行為。因為「普遍性」這個代表著正確和端正的詞語，就像是這個世界為了統治並支配這個世界的人們，所創造出來的一種形象遊戲。真正重要的是我在哪一個共同體、家庭或關係中能感受到安全感，且這樣的安全感能不能夠讓我去追求最真實的自我。

想在父權社會裡得到自由的話

「我們應該要對那些自己曾堅信不移的行為抱持懷疑的態度，並努力去了解這些行為的背後受到多少男性的態度和目光的影響。」

有些女性會因為在談戀愛時，男朋友看起來並不太在意他的父母親，把所有的心思放在自己身上，下定決心跟他結婚。因為這種理由結婚的女性經常在婚後提出這樣的抱怨，「他原本不是這樣的人啊！怎麼結了婚就變孝子了，這讓我覺得好辛苦。」

但這些男性真的是「突然」成為孝子嗎？如果不要把另一半看作是「丈夫」，而是把他當作是「婆婆的兒子」來看待的話，應該就比較能理解這個情況了。「婆婆的兒子」不是在結婚之後突然變成了孝子，他只是想要透過妻子對自己家庭的犧牲，被家人認可是個「好兒子」。

其實女性也跟男性一樣，在和對方結婚後，比起另一半的家庭，自然會更想照顧自己娘家的親人。男性們過去想要從家人那得到肯定，卻沒能被滿足的欲望，在結婚之後全都展露了出來，因為他們想要透過妻子對自己家庭的犧牲奉獻，來填補這個欲望的空缺。而在韓國父權社會的傳統和其所帶來的文化影響之下，這樣的欲望就這樣被合理化了。

其實丈夫們都對被人認可有著強烈的欲望，只不過他們通常都不會表現得太明顯，但這樣的欲望在結婚之後便會變得清晰可見。這時候，妻子們會開始煩惱自己為了心愛的丈夫，究竟要滿足那些要求到什麼程度才對。我希望各位能夠謹記這一點，滿足對方需求最適當的限度是「在不失去自我的前提之下」。假如妻子不是心甘情願地為丈夫付出，打從心底無法接受日後可能得不到與自己的犧牲相應的補償的話，這些犧牲終將化為憤怒朝自己襲來，和丈夫之間的關係也會走向破裂。

內化在女性心中的男性視角與態度

母親對兒子的占有欲非常強大。兒子結婚初期，母親會很明顯地展露出自己是兒子所有人的態度。

有一些婆婆就連媳婦在婚宴上要穿的禮服都要檢查過。結婚禮服的挑選不是跟丈夫一起進行「討論」，而是要讓婆婆「審查」，這其實象徵著這場婚姻的主導權握在父母親的手上。檢查婚宴禮服的同時，其實也是做為兒子第一任主人的母親在審視媳婦這個外來的女性，表現出不會輕易將兒子交給對方的牽制行為。

結婚並生下第一個孩子後，婆婆會很頻繁地聯絡媳婦，問她一些像是有沒有好好餵母乳等問題。但這並不是對媳婦的關心，婆婆的這些行為只是在確認媳婦有沒有好好照顧自己的孫子或孫女而已。

婆婆們的這些舉動是一種極度男性化的態度，雖然性別上是女性，但一直以來都以男性的思維和態度在過日子，她們也從來不覺得這樣的生活方式有什麼問題。她們並不想花時間去了解和兒子結婚的女性是什麼樣的人，也沒打算要努力和對方建立起一段新的關係。這些婆婆已經把過去自己為人媳婦時受到的苦忘得一乾二淨，照著自己對「家庭」的固有觀念去思考。她們在對待下一輩的時候，根本不想再去思考什麼，或作出什麼努力，只想繼續維持這種父權思維，也就是「權力就是關係的主人」。

那麼只有家中的長輩會沉溺於這種父權主義之中，帶著極其男性化的視角和態度，不斷折磨自己的媳婦嗎？事實並非如此。

我曾經在某個 Podcast 中，聽到一群三十來歲的女嘉賓在就各種話題作討論。當其中一名女嘉賓在談論和男性之間的關係時，她所說的內容和講話時的態度引起了我的注意。才聽沒幾句就能發現她對談論性事毫不避諱，除了描述得非常具體之外，感覺也很樂在其中。從她的言談之中，可以感覺得出她在露骨地談論性事的同時，把自己定位成一名自由且開放的女性。

但把性事搬上檯面討論，對什麼都直言不諱的態度並不等同於坦率和開放。說穿短裙更顯身材，這樣曲線才會美的話其實也是非常男性化的發言。因為審美基準建立在外貌上，所以女性們無所不用其極地想變美，這也是韓國整形技術發達的起因。認為做為一名女性，必須在性的方面有吸引力的想法已經不僅僅是為了自我滿足，同時也是為了滿足男性的視線。

不停強調性，認為唯有露骨才叫開放，也是一種以男性視角為出發點的女性開放和主體性，這種思維和視角的主人和主體都是男性。

套句精神分析學者白相鉉教授曾說過的話，這不是「女性化的欲望」，而是「女性的欲望」。女性化的東西是指稱具有結構性的事物，但女性的欲望則是典型的他者的欲望。

如果不想淪為母權或父權主義的人

男女必須無條件相同的觀點要說是平等，說是孩子般的天真想法還更貼切一些，同時也是一種被不是這個就是那個的二分化思維所束縛的現象。我個人對女權沒有太深入的了解，但我認為把男性和女性放在天秤的兩端，主張兩方應該要完全一模一樣，使得另一方成為反向歧視的受害者的話，這不能稱作是平權，而是母權（家母長制）或父權（家父長制）。

其實女性也能從父權主義中得到一些好處。在一個父權家庭裡頭，男性會負起賺錢養家的責任，也要負責做粗重的工作，而女性就只要負責被男性保護著就好了。

而被保護在男性的羽翼之下的女性，就成了典型的「被愛著的女人」。只需要表現出做為一個個體，做為一個人類，對另一方的態度。

我們應該要對那些自己曾堅信不移的行為和文化抱持懷疑的態度，並努力去了解這些行為的背後，受到排除個體的陋習和男性態度及目光的多少影響。為了讓自己和這些惡習及父權觀念保持距離所作出的努力，正是不讓自己被排除在外的態度。

許多精神分析學家主張女性們是透過與他人的關係，來追求自我認同，透過他人的認同感來塑造自己。在這樣的情況下，女性們做為一名妻子、母親、媳婦和女兒，會開始懷疑自己的本質，也不敢去挑戰對韓國文化中根深柢固的父權態度，只會覺得自己的存在是不合適的。而她們心中會產生這種罪惡感和恐懼感，全都是源自於那看不見的掌權者和男性秩序。掌權的那一方，也就是這段關係中的既得利益者，一直沉浸在能夠持續過著這穩定生活的安樂幻想之中，並用他們帶有父權意識的想法和言語為女性們帶來罪惡感和恐懼感。

其實我們和我們的父母親一樣，從過去到現在，都過著被上述的觀念和拉岡所說的「大他者的聲音」支配著的生活，而且可能會這樣一直過下去。拉岡所提出的大他者的聲音可以解釋成是「像別人一樣」的各種標準。大他者是普遍性基準、法律、規則和秩序等，一般被我們稱之為常識的事物的統稱。幼兒最剛開始是透過母親的反應和事後確認，反映出自身的存在和給出的訊息，在這個時候，母親就是處在大他者的位置上。在這樣的關係中，可能會產生錯覺，誤以為他者展現出來的所有反響和肯定都是真的。我們所認知的「真實」其實大部分都是源自於這些大他者們的要求與設下的基準，而個人主體的真理也因為大他者被隔絕在外。

認為強化自我，執意依照自己的堅持做想做的事，就能成為找到自我認同的主體是個完全錯誤的想法。因為我們腦袋裡所想的主體，也就是自我，正是這個世界、這個文化圈，和能對人類作出評論的巨大勢力所創造出來的產物。想要恢復自我認同感，以自己的主體過生活，就必須不斷對各種知識和常識的支配提出疑問。

無法放開兒子的母親

「在兒子和母親的關係之中，母親對兒子的欲望比兒子對母親的欲望還要來得強烈許多，也更具有優勢。」

站在精神分析的立場上來探討「喪失」，似乎可以拿婆婆和她的兒子之間的關係做為例子。兒子在喪失了最初的理想母親形象之後，因為在妻子身上發現了理想母親形象的蹤影，又或者是想透過妻子恢復最初的那個理想形象，所以決定離開母親，和妻子結婚。這樣的婚姻對他們來說並不是一種喪失，在某種意義上，這等同於是在找回最初的衝動。

女性也是一樣。女性會幻想著能夠透過丈夫彌補自己的匱乏，所以對她們來說，結婚是個能夢想享有新幸福的途徑。但丈夫的母親在過去的婚姻生活中，必定在透過丈夫彌補匱乏和滿足自身欲望的過程中受過挫折，而修補自己原始喪失的這件事也以失敗告終。比起接受自己失敗的事實，她們選擇透過自己的兒子，維持擁有男性生殖器，也就是陽具（Phallus）的幻想。數十年來，她們一直享受著那靠想像產生的滿足感。只要有人妨礙到她獲得這個滿足感，就算對方是丈夫還是女兒，她都會毫不猶豫地將他們排除在外。而如今卻要將一直以來帶給她滿足感的兒子，送到另一名女性身邊，而這個事件必然會為母親帶來失落感。在一段依附關係中失去兒子的母親，自然會產生妒忌和嫉妒的心理，這是非常單純的邏輯。

母親因為兒子的婚姻而感到失落

「為了能完美地擺脫傷痛，選擇與自身所愛重逢。重逢後再次陷入愛河，但支撐著這份愛情的想像人物已不復見，這樣的事實令人感到痛苦。」

——胡安—大衛・納西奧

在精神分析領域中，雖然男性生殖器，也就是陽具，能夠帶給人快樂，但那其實是不具有實體的擁有和欲望的產物。這裡所指的陽具並不是生物學上的男性生殖器。女性認為自己生來就喪失的陽具，其實是指父性和男性的陽剛氣質。這是在潛意識裡形成的，象徵意義上的陽具，也是快樂的產物。

母親透過兒子的男性氣質，與曾以為自己已經失去的陽具重逢，延續著這份愛意。一直以來，兒子都是這名母親的想像對象和陽具對象，支撐著母親對愛和擁有的幻想。而兒子的婚姻，代表著母親的想像對象被另一名女性給奪走，在兒子被搶走的過程中，母親自然會感到失落和痛苦。而大多數的母親都會表現出不願意接受這種痛苦和喪失的態度。

不管時代再怎麼變，家族的形態也變得和過去完全不同，婆婆和媳婦之間的矛盾無論過了幾個世代，都會反覆地出現，只不過是表現出來的樣子變得比過去更加迂迴，參雜了一些小聰明罷了。在這之中，家庭倫理、為人處事的道理和孝道等價值觀都是束縛我們，讓我們無法動彈的象徵性指標，也是引發我們內心罪惡感的強大準則。

但我不是在鼓吹大家要無視這些價值觀，執意滿足自己的快樂與需求，過自己的人生。只是要提醒各位要多加留意這些看似名正言順的理由和準則，因為這些價值觀可能會壓垮妳，讓妳失去快樂的能量。一旦快樂的能量被壓倒了，可能就會連帶出現各種症狀，讓妳無法好好過自己的人生。

希媛維持了十幾年的婚姻生活，舉凡是婆家長輩們要求她要做到的義務和本分，她都好好地履行了。婆家的長輩們因為事業上發展得十分成功，累積了相當可觀的財富，他們也很用心栽培子女們，四名孩子在社會上也有一定的成就。

做為有錢人家的長媳，希媛放棄了自己的社會生活，努力地扮演好丈夫賢內助的角色。但自從希媛最大的孩子上大學之後，她開始意識到這似乎有什麼地方出了錯。

因為五十好幾的丈夫到現在都還是無條件服從婆婆的指示，甚至還要求希媛也要凡事聽婆婆的話。一直到這個時候，希媛才逐漸意識到丈夫完全無法理解她所受的苦和各種難處，也無法給自己任何心理上的支持。過了將近二十年的時間才意識到這點，或許是因為過去的希媛為了某些原因，不斷地在壓抑自己的感受。

希媛的父母親給了她相當多的愛，從小到大，她都是備受父母親寵愛的大女兒。希媛的父母親都認為她嫁進了一個好家庭，為此感到十分安心，也很開心。正是因為這個原因，過去的希媛也不曾對這段婚姻起過一絲的疑心，不停想著「只要我再忍耐一點，再表現得好一點，情況就會好轉」，就這樣過了十幾年。因為比起自己的人生，在希媛心裡，不讓娘家的父母親為自己操心才是最重要的。

她作夢也沒想到自己其實一直活在他人的期待裡，把周圍的人對自身的期待當作生活的標準，把自己完全排除在外。她的人生只為了不辜負他人的期待，不讓關係產生裂痕而竭盡全力。

希媛在這個看似安全，實際上卻是個牢固枷鎖的家庭裡，完全沒有機會去發掘自己的獨立性，也無法對她面對的狀況提出任何質疑。原本以為隨著日子一天天過去，她的人生會變得比較舒坦，比過去更加幸福，但事實並非如此。隨著時間流逝，她發現自己的人生總是回到原點，回到這片心靈的廢墟之中，這讓希媛不知道該如何是好。都已經活到中年了，到了這個年紀才要去理解何謂心理上的獨立，學習恢復自我認同感，她根本不知道這些代表著什麼意義，也不知道該怎麼做才好。

成年兒子的幼稚思維

我和希媛一步一步地開始探究兩家人的家庭結構。在這個過程中，希媛了解到當初會選擇步入婚姻，覺得女人就是應該要結婚的想法，還有她的擇偶標準，全都是建立在父母親會滿意、會感到開心的標準上，和自己的幸福沒有絲毫關聯。

至於希媛父母親的標準，其實就和韓國大多數家長們的想法沒有什麼差異。即便人文學盛行，各種心理學的資訊唾手可得，但比較之下，在我們內心扎下深根的安穩與幸福的標準，其實是非常保守和傳統的。其中最具代表性的就是和別人差不多，不會讓別人挑毛病的社會地位和財富上的自由，這些同時也是大多數人都不會去質疑的標準。

希媛在精神分析過程中，發現對於改變這段婚姻的事情上，她第一個念頭就是這麼做會不會讓父母親失望，和自己有沒有辦法承受這件事。希媛在意識到自己有多害怕會讓父母親失望之後，也領悟到其實父母親之間的關係並不如想像中安全和健康。知道連和自己的親生父母親都不是處在一段安全的關係下後，希媛也終於發現那個為婆家和丈夫做牛做馬的自己，其實一直處在一個必須服從他人，心中充滿恐懼的狀態。希媛的丈夫和婆家的長輩們在沒有意識到的狀況下，利用了希媛的恐懼。他們不斷地對希媛作各種要求，也讓她根深柢固認為不想讓這段婚姻關係破裂，就要完全服從婆家，婆家的人說什麼，她就必須做什麼。

一直以來，希媛的丈夫就像是在扮演著一個婆婆十分珍愛，且讓她感到自豪的獎盃，其實希媛的丈夫也很害怕這樣的關係會產生裂痕。其實從這個角度來看，希媛和丈夫的家庭結構其實很相像，從他們夫妻二人和父母親的關係就看得出來。兩個老實的孩子在擁有絕對權力的父母親底下，打造著屬於他們的小小共同體，但其實這個共同體的主人不是他們，而是兩家的父母親。

大部分的妻子在這種狀況下，經常會帶著丈夫一起來諮商室，要求他們和原生家庭保持距離。但說穿了，這只是想借助丈夫的力量，讓自己稍微覺得好過一些而已。即便透過這樣的方式跟婆家的長輩們保持了一定的距離，心情上也不再像過去一樣那麼痛苦了，但這終究還是無法真正解決問題。更何況，丈夫做為婆婆的「陽具」，帶給她快樂的來源，一般都不會想離開自己原本的位置，這樣的堅持也不容許被質疑。假如丈夫並不覺得現在的相處模式有什麼不好，便沒有人能改變他的想法，而這樣的母子其實遠比我們想像中還來得多上許多。

母親對近親相姦的欲望

「將欲力（能量）投射在兒子身上這件事，用一般的角度來看是種祝福，但這種情況也可能會將人導往色情狂的方向發展。渴望著能得到滿足感和做到盡善盡美是女性們長久以來的渴望，而將欲力投射在兒子身上（甚至不惜傷害丈夫或影響跟丈夫之間的性生活），則是女性實現這個夢想的方式。」

——丹尼斯・拉肖（Denise Lachaud）

先前有一部電視劇叫《結婚作詞，離婚作曲》，被人們說是「灑狗血電視劇」，也造成許多爭議，我自己看完後也對這部電視劇留下深刻的印象。應該有不少讀者無法接受這部電視劇的劇情設定，但我卻覺得這部劇用非常直白的方式，將人類藏得非常隱密的潛意識衝動和欲望全展現出來了。

劇中仔細地描繪了冬美對繼子儒信的近親相姦欲望，不過這樣的情節不僅僅存在於電視劇中。這是母親做為女性，在欲望與潛意識衝動裡頭，對兒子（陽具）產生的一種幻想和執著。只不過這樣的欲望普遍會被我們穿上漂亮的外衣，並將其稱作「母親對兒子的愛」。

人類的確會有這種隱密的欲望和幻想，但提出這點不代表我就無條件認同這樣的行為。只是覺得我們在對待自己的潛意識衝動迴路時，需要再更坦誠一些。假如硬是要說上述的狀況，只會發生在那些頹廢、特立獨行的庸俗之人身上，把自己擺在正人君子的位置，只會讓自己變得更脆弱而已。藏在內心深處的衝動人人都有，差異只在於用何種方式表現出來而已。

佛洛伊德曾經如是說過，在兒子和母親的關係之中，母親對兒子的欲望比兒子對母親的欲望還要來得強烈許多，也更具有優勢。

對於自己的不幸，希媛並不打算斷然做一些超出常規的行動，或是作出極端的抉擇。希媛決定要先練習讓自己的情感和這些人分隔開來，並學著去習慣空虛和缺乏之感。因為最重要的並不是婆婆造成了她的不幸，而是去了解究竟是什麼讓她在那種痛苦的環境中苦撐了那麼多年。

為了避免自己變成下一個惡婆婆，避免未來晚輩們會重蹈她的覆轍，希媛非常認真地觀察自己的狀態和細微的情感。希媛不停地問自己，為什麼過去的自己要代替父母親滿足他們的欲望，過著他們夢想中的生活，甚至未曾對此產生一絲懷疑的念頭。這種審視自己，對自己提出疑問的過程，能夠讓希媛的能量和專注力都再次回到自己身上，也能夠幫助她漸漸擺脫過去曾讓她感到恐懼的各種想像。我要希媛對自己一直以來堅信不疑的標準，和各種狀態背後的意義提出疑問，全都再仔細思考過一次。

有一天，希媛對我說了這樣的話：

「心理師，我現在想要儘快把丈夫還給他的母親，這麼多年來，這個人從來沒有真正屬於我過，過去的我到底是為了什麼，一直過著那樣的生活呢？我不想將我的人生用在改變這個人上。一直以來，我的人生中都沒有我自己。但現在的我已經沒有什麼能抓住的事物了，這樣的我能自己好好過生活嗎？我本來以為過了五十歲，人生就會變得輕鬆一些的，我怎麼就沒早點察覺人生其實是這麼無情又狠毒呢……即便如此，我還是想開始過自己的人生，不管未來還剩下多少日子，我都要好好感受著自己的存在過生活。」

我不曉得希媛所說的將丈夫還給他的母親是不是指離婚，讓丈夫真的回到婆婆的懷抱之中，又或者她是指尋找另一種能和丈夫維繫關係的方法。這一題的答案大概只有希媛的潛意識才會知道吧！但我可以肯定希媛不會重蹈覆轍，會過著跟過去完全不同的生活。回到自己的人生中，踏上新的道路這件事永遠都不嫌晚。為了能好好恢復，我們會沿著潛意識所描繪出來的地形，一步一步，勇敢地跨出腳步。

結婚生子並不是藏身之處

「嚴格來說，多子多孫的家庭形象和來自各方對於懷孕、生產的祝福，與其要說是女性的幻想，我認為更接近男性的幻想。」

懷孕和生育這件事對女性來說固然是人生中的一件大事，但不代表這件事僅僅是固有觀念上的一件值得祝福的喜事。這個社會似乎強迫我們一定要對孕育新生命感到開心，並熱情地迎接這個生命的到來。但這樣的現象對某些人來說也可能變成一種壓力，甚至因為這些壓力產生一些扭曲的行為或症狀。姑且不提生下孩子後，在養育過程中必定會碰到現實上的問題，以潛意識做為前提來看，「孕育生命」都不是一件如想像般簡單的事。

雖然不能站在精神分析的角度，斬釘截鐵地說女性想要孕育生命都是出自於「對陽具的渴望」，但我在臨床上遇見的許多母親，她們對子女有著近乎執著的欲望，而她們會產生這種欲望，並不單單只是因為孩子們是自己和丈夫，或是戀人之間愛的結晶而已。也就是說，某些極度渴望不斷孕育孩子的女性，並不一定是出自於單純的母性而已。

把步入婚姻和生兒育女當作是出口的女性們

「少女對父親的欲望一定是處於對陽具的渴望，她們想要從父親那裡得到母親並未給予自己的陽具。只有擁有孩子的欲望代替她們對陽具的渴望時，這樣的狀況才能安定下來。從很久以前，孩子就被定義成陰莖的替代物，孩子和陽具在象徵性的價值上是同等的。」

——佛洛伊德

依照精神分析學者胡安—大衛・納西奧的說法，女性的不安、精神官能症最安定平穩的時候正是在懷孕時期。女性們在懷孕過程中，心情之所以會變得舒坦，產生一種自己被保護著，不再被過去心中的不安所侵擾的感覺，是因為前一段引用的佛洛伊德的理論。一旦女性的子宮裡有了孩子（陽具），她們就會產生自己成了一個完整個體的幻想，享受著不再有缺乏，因擁有陽具變得完整的滿足感。

就連那些在社會上獲得相當大成功的女性們，也總是努力地想找方法解決結婚後產生的長期憂鬱狀態，和各種令人鬱悶的現實問題。因為結婚不過是她們離開原生家庭，成為獨立個體的一種藉口。當女性不知道自己究竟想過什麼樣的生活，對自己正在做的事也無法感到滿足時，某部分的人就會匆匆忙忙地決定步入婚姻。假如女性們結婚的原意為此，且在進入婚姻中仍維持不變，她們自然會對自己所愛的男性賦予過多的意義，或是過度依賴對方。

這些女性在結婚後，會對自己進入穩定的家庭這件事抱有期待，認為一個新的家庭能帶給她一些新的變化，或是迎來人生的轉捩點。在這樣的期望下，她們往往會壓抑自己的感受和欲望，凡事都迎合男性。內心充滿無力感和憂鬱情緒，但還是希望能透過改變外部條件或環境，來解決這樣的情緒問題。假如在這樣的婚姻中，另一半或是婚姻本身能給予自己的並不如預期，和婆家的心理戰和矛盾又層出不窮的話，一直以來壓抑的情緒就會一口氣爆發，以各種方式表現出來。

令人驚訝的是，有許多女性們在結婚之後，發現自己和丈夫之間的關係在原地停滯不前，覺得無法從另一半身上得到自己想要的東西，或是想要為自己的人生帶來一些變化，改變一下生活環境，但認知到光靠自己的力量不可行的時候，就會選擇生小孩。

這些女性選擇了懷孕生子做為她們人生轉捩點的契機和出口。不過這樣的現象裡頭總會有合理的不在場證明，像是婆家長輩想要抱孫子，或是丈夫想要孩子等，這些女性會把她人生的動力放在即將出生的孩子，和養育孩子的事情上。應該不少人會認為不管動機如何，只要能疼愛這個新生命，好好養育孩子，選擇用懷孕生子來改變自己的人生並沒有什麼不對，但假如是因為這樣的理由生孩子，這些女性們只會陷入另一種不安情緒裡頭。

精神官能症的各種表現模式

在精神分析領域裡，人格結構大致上可以分成精神官能症、性倒錯，以及調弦症（思覺失調症）。在談人的精神內在時，除了結構上較特殊的性倒錯和思覺失調症之外，剩下的範圍都隸屬於精神官能症。

精神官能症又可分為歇斯底里性精神官能症和強迫性精神官能症，大多數的女性有歇斯底里性精神官能症的症狀，男性則多半有強迫性精神官能症的症狀，暫且不談論男性人格結構，多數女性患有的歇斯底里性精神官能症都非常複雜，也有很多種不同的類型。

強迫症（男性）患者們一般來說都只關注自己，專注於補足自身的欲望上。相較之下，歇斯底里症（女性）患者們則會想透過和他人的關係做出某些行為。

女性希望能夠透過生產和養育孩子，填補自己沒有被滿足的欲望，對目前的婚姻關係作出一些改變，這其實是個一般人都能夠理解的理由。因為喜歡小孩子，因為婆家的長輩提出要求，這種表面上的生子原因當然也存在。但假如從潛意識的角度去分析懷孕生子欲望的真正緣由，就會發現這件事並不能單單用受社會關係和家庭的影響來解釋。

每當看見多胎宣傳大使們用著擁有一群孩子有多美好的語氣演講，我的內心就會閃過許多複雜的感受。我忍不住陷入沉思，站在國家的角度來看，多生幾個孩子當然可以說是一種愛國的表現，但站在個體精神領域的角度來看，生好幾名孩子真的只有好處，沒有任何壞處嗎？在有許多孩子的家庭中，比起擁有好幾名孩子帶來的滿足感，從孩子那裡感受到的疏離感反而會更強烈。不過這些人看起來就像是潛意識的欲望從未存在過一樣，透過孩子們延續自己的人生。但養育孩子這件事沒那麼容易，就算提供了他們滴水不漏的照顧，需要解決的問題還是會接二連三地冒出來。

對女性來說，她們是在用懷孕這個擁有某個個體的行為，隱密地展現了自己生而為人最初的喪失與欠缺。女性試圖透過自己生下的孩子來控制男性，或操控孩子背後成年人的一舉一動。說得更明白一些，孩子其實是女性透過迂迴的方式獲得男性或「陽具」的一種方法。

女性這樣的舉動其實和夫妻或情侶間關係是否和睦無關。諷刺的是，關係越不好的伴侶，女性對生養孩子的欲望反倒會更加強烈，甚至會表現出過於執著，或是想控制另一半的現象。如果說男性是偽裝自己擁有陽具的自戀型人格，女性應該就是無法忍受欠缺的神秘魔女吧？

妻子並沒有任何義務

有一些女性會在養育孩子的過程中，為了想要成為更完美、更優秀的母親前來接受精神分析。她們想要在丈夫回到家之前，把家裡整理得一塵不染，當一個能讓丈夫回到家後什麼都不用做的賢內助。這些女性覺得丈夫已經為了家人在外面辛苦工作一整天了，所以做為一名妻子，她的責任就是讓丈夫回到家後不用接收任何壓力。雖然這些女性們將孩子們養得很好，個個都很優秀，但她們一旦壓抑久了，情緒也會到臨界點。每當這個時候，她們就會感到害怕，怕再這樣下去會不會傷害到孩子們，或是讓他們留下不好的回憶。

這些女性明明就把自己所有的能量都用在為丈夫、孩子們，和家庭成員的付出上了，為什麼她還會一直受不安和恐懼感折磨呢？答案是她們疏忽了自己。做為人類，只要我們還存在的一天，疏忽自己的行為就會不斷以各種方式發出求救信號。

對於那些來到諮商室向我尋求幫助，一心只找出如何成為一位好母親、好女兒、好妻子方法的女性，我有時會請她們離去。因為再怎麼控制自己的行為，練習冥想再久，只要對待自己最根本的目光和態度沒有改變，一切就沒有意義。講明了，向我尋求這種幫助，就跟要我打造出一個會對他人唯命是從的僕人沒有兩樣。

雖然這個世界跟過去相比已經改變許多，但我們還是很難察覺到自己腦袋裡藏著已深深扎下根的男性中心主義，以及父權主義的態度。雖然不能說父權主義的思維和家族主義一定是不好的，但假如在這樣的風氣下，無視於那些被排除在外的個體，既得利益者就一定會是具有父權主義或男性中心主義思維的人們。

嚴格來說，多子多孫的家庭形象和來自各方對於懷孕、生產的祝福，與其要說是女性的幻想，我認為更接近男性的幻想。而這樣的幻想是源自於被孩子包圍的母親，和看著他們的父權目光。正因為如此，即使身在家庭這個圍籬裡，身為女性的我更不該疏忽自己，且必須不停地思考並探索怎麼做才能真正守護家庭成員們的人生。

投射在男性身上的母親

「對人類來說，原型的出發點是母親以及與母親的關係，因為母親是最初的欲望對象。」

佛洛伊德曾經這麼說過，與其說女性是在丈夫或戀人身上尋找男性特質，更準確來說，她們應該是在另一半身上尋找母親的影子。這個說法和我在臨床上的經驗是一致的。英國的精神分析學家達里安·利德（Darian Leader）也再次強調了佛洛伊德的這個主張。

「比起在另一半身上尋找理想的父親形象，女性更傾向於找尋和母親最原始，也最激烈的關係。」

——達里安·利德《為何女人寫的信比她們寄的信多？》

大部分的人都認為女性在找另一半時，通常都會傾向於尋找與父親相似，或與父親完全相反的人。但如果仔細觀察女性選擇的丈夫或另一半的特質，或是兩個人之間的關係結構，就會發現許多女性要不就是在男性身上找母親的痕跡，要不就是透過男性重複自己與母親間的關係。除了男性會在女性身上尋找母親的痕跡外，追根究柢，女性想透過另一半尋找的也是母親的影子。從這裡就可以看出對人類來說，原型的出發點是母親以及與母親的關係，因為母親是最初的欲望對象。

那些感情很好的戀人或夫妻中，經常會看到男性扮演母親的角色，細心照顧或保護女性。

我有一位朋友和丈夫的感情很好，她說自己有天在半睡半醒的狀態下，明明知道要叫丈夫「老公」，卻不小心脫口叫了丈夫「媽媽」，她也被自己的這個行為嚇到了。如果仔細分析我這名朋友的情形，她的丈夫在她的人生中扮演的並不是個擁有男性特質的角色，也不在老公或是父親的位置上。真實的情況是她透過丈夫和自己的母親建立了關係。

我的這名朋友肚子餓的時候，經常會對她的丈夫說「老公，我好餓」，這句話其實是具有其特殊意義的。一般的情況下，這樣的話通常都是丈夫對妻子說的。但這對夫妻中，丈夫負責煮飯，所以這名朋友也在潛意識裡把丈夫和母親同化了。假如這時候，丈夫決定不再扮演妻子母親的角色，想要用另外一種方式過生活，這對原本鶼鰈情深的夫妻可能就會面臨嚴重的婚姻危機。

這種因為我們的潛意識投射而形成關係是實際存在的，她的口誤暴露了這段有趣的關係本質。最近有不少妻子喜歡跟隨流行，稱自己和丈夫生活是在「養育大兒子」。這個概念同理也能套到丈夫身上，有些男性其實正是把妻子當成女兒在養。這些人在潛意識裡扮演的是母親的角色，不管是妻子還是丈夫，只要能夠扮演好一名母親的角色，這對夫妻的關係看起來就會相當美滿，同時也具有其意義。

「爸爸」這個稱呼代表的意義

而女性並不是只會透過丈夫尋找母親的影子，也有些人會透過丈夫尋找父親，但這裡並不是指要建立像是父女的關係，而是透過孩子們來建立起「父親與孩子」

的情境。舉例來說，仔細觀察就會發現夫妻間有許多有趣的暱稱，他們稱呼彼此的方式很多，但從某個角度看似乎又都是同一種類型。就像很多妻子會冠上孩子的名字，稱呼丈夫為「某某某的爸爸」，有時又稱呼對方為「老公」，如果另一半年紀比自己大，也有可能會叫對方「哥哥」。

叫對方名字的行為在很廣的層面上支配著我們的意識。我發現在只有女性的聊天室或對話中，也有很多人會直接稱呼丈夫為「爸爸」。看到這可能會有部分人覺得我是不是太小題大作了，連一個稱呼都要拿來分析。但稱呼其實是解釋和他人的關係，以及表達自身在某段關係中處於什麼位置的一個重要指標。當然會這樣稱呼對方可能也有其他理由，或只是因為習慣了而已。

一般的情況下，多數人都會認為女性在稱呼丈夫為「爸爸」時，是在指孩子的爸爸，但其實不見得是如此。部分女性會稱呼另一半「爸爸」，也有可能是想要透過孩子，從丈夫那得到某些補償，以填補過去父親沒滿足自己的空缺。我們也經常會聽到這樣的話，「只要扮演好孩子們好父親的角色，我就不會太苛求他要同時當個好丈夫，也不會抱有任何期待」，從這句話就可以看出，比起單純想給孩子們一個好爸爸，說這些話的妻子們其實是想透過孩子獲得一個符合她理想的父親，且對此非常執著。

如果孩子叫父親「爸爸」，母親也叫丈夫「爸爸」的話，孩子和母親不就成了同一個輩分的人了嗎？加上名字的稱呼才能表現出雙方的相對關係。但我也不是要強迫那些已經很習慣叫丈夫「爸爸」的人改掉這個稱呼，只是想請各位仔細思考一下我們對他人的稱呼之中，是否藏著某些沒說出口的需求。此外，也要想想為什麼相較於母親，我們更容易被父親、爸爸這個存在和其理想形象所束縛呢？

從精神分析的觀點來看，父親並不是單純的一家之主或是監護人，而是能夠帶來快樂的存在，是一個「無論是什麼，都能不斷給予的存在」。如果從信徒們把神稱為天父這點切入，就能很快地理解這個概念。信徒們之所以會把神稱為天父，不斷地祈禱、懇求，都是因為他們認為天父是個能夠不斷給予他們一切的存在。用比較象徵性的說法，就是一種擁有「陽具」的存在，能夠滿足我們想要的一切的理想。

女性們用自己想要填補和渴求的欲望抓住了「父親」這個角色。所以有部分女性就算對婚姻有不滿，認為另一半是個不合格的丈夫，但只要他對孩子而言是個好爸爸，她們就能夠接受這樣的關係。

就如同不停提出要求的孩子們

「孩子們在提出要求的時候，會將母親逼到能有所對應，或是完全無法作出反應的位置上。而母親的反應與否成了愛的指標。」

——達里安・利德

鳥巢裡的小麻雀仰望著母鳥，張開嘴巴嘰嘰喳喳地不停叫著。孩子們也跟小麻雀們一樣，一刻都不願將目光轉向別的地方，一直看著母親，張開嘴提出要求。人類和麻雀的差別並不是達里安・利德所說的，用進入嘴裡的食物填飽肚子的生理需求，而是對孩子們永無止境的要求作出反應的母親。

在一個同時有兒子和女兒的家庭裡，大部分的母親會在兒子提出要求之前，就把他的嘴巴塞得滿滿的。女兒的狀況則相反，她們必須自己提出要求，而且大部分的情況下，她們提出的要求都不會完全被滿足。男性是自己滿足自身的需求，但女性們大多都是透過孩子來滿足自身的需求和需要。

在女孩子之中，有嚴重缺乏感的孩子們的要求會變得越來越強烈，越來越粗暴，開始就自己所需纏著母親，用煩人的方式消耗母親的能量，建立起和母親的關係。因為母親的目光始終不在自己身上停留，就算提出要求也無法被滿足的情況，造成女孩產生強烈的缺乏感。一旦這樣的情況沒有改善，「提出要求」這個行為本身就會變成女孩和母親建立關係的一種方式。這樣的女孩在長大成人之後，也總是會被無法滿足和缺乏感折磨。有了丈夫或另一半之後，也同樣會重複這樣的相處模式，而且稍不留意就會誤以為只要自己的需求被滿足了，就能夠變得幸福。

但這些女性真正的欲望並不是需求被滿足，而是透過提出需求的這個行為建立起關係，和對方有所接觸。所以就算丈夫或另一半對她們再好，這些女性也不會感到滿足，反倒是將目光再度轉移到自己缺乏的事物上。在這樣的情況下，任何用來解決缺乏感和不滿足的辦法都起不了任何作用，因為她們早就被困在欲望的結構之中，幻想著只要自己不再提出需求，母親就會跟著消失，換句話說，她和所愛對象的接觸也會跟著消失。我們現在應該終於能理解，為什麼把孩子們想要的玩具全買給他，還是無法滿足他的需求了，因為他們在需求被滿足的瞬間，就會將目光轉向其他玩具，想著非要得到它不可。

在這種狀況下，最重要的是這些已經習慣透過提出需求來維繫關係的人，是如何改變自己和他人建立關係和接觸的方式，這也是需要知道自己正以什麼方式延續自身欲望的理由。就算想自行放棄，也會產生一種無法輕易放棄的感覺，這是因為欲望的框架已經有了牢固的結構。

幻想著丈夫的外遇

「只好透過想像丈夫有外遇對象時，所感受到的興奮與不安，讓自己獲得潛意識的快樂。」

當婚姻關係出現危機，我們很容易把重點放在另一半做錯了什麼事。但我認為去探討自己當初是因為什麼樣的潛意識結構，才選擇了這個對象才是更聰明的做法。先問問自己是出於什麼樣的欲望才會決定和這個人步入婚姻，接著再探究自己的內心世界。

曾經以為只要對方能夠滿足我的需要和缺乏感，所有問題就能夠迎刃而解，但事實並非如此。對於自身的需要在很長一段時間裡都未曾被滿足，產生嚴重缺乏感的女性們來說，會認為只要解決這個問題，自己的人生就會變得輕鬆許多的想法似乎很合乎常理。但實際上，我認為那些對自己想要的事物並沒有太大不滿的人們，也同樣會被不同的痛苦所折磨。

丈夫的婚外情從懷疑開始萌芽

美希說自己的丈夫是個「好好先生」，無論她想做什麼，丈夫都會給予支持。所以一直以來，美希一直過著想做什麼就做的自由生活。許多在和他人的關係中受了傷，或被缺乏感折磨的女性們都有一個夢想，那就是成為某個男性或另一半的唯一。對這些女性來說，只要達成這個夢想，她們就能夠變得幸福，而在眾人眼裡，美希已經達成了這個夢想，享受著幸福的生活。美希跟她的孩子們還有丈夫的關係都沒有什麼問題，但她長期以來，卻因為一直無法解決的憂鬱與無力感飽受折磨。如果向他人吐露這樣的心聲，就會被說是人在福中不知福。也正因為如此，美希越來越不敢將自己內心的憂鬱和無力感表現出來，和周圍的人也幾乎全斷絕了聯絡。

但某一天，美希的丈夫去跟同事喝酒，平時不怎麼喝酒的丈夫居然喝得爛醉如泥，整個晚上都沒跟美希聯絡。如果從丈夫平常的行為舉止和個性來判斷，照理說比起懷疑丈夫做了什麼不可告人的事，擔心的成分應該更多才是，但美希卻對丈夫這次的行為充滿了疑心。因為結婚這麼多年，丈夫從來沒有讓美希找不到人過。就算是喝醉了，也不可能完全聯絡不上人，如果不是外面有了女人，這個狀況根本不合理，於是美希開始懷疑丈夫背著自己出軌。聯絡不上丈夫的那個晚上，美希被自己的胡思亂想給折磨了一整晚，一顆心焦躁不安。

一直到凌晨才返家的丈夫喝得不省人事，一到家就立刻呼呼大睡。隔天，丈夫告訴美希因為自己平常都不去聚餐，昨天被同事們逮到機會，就不停地灌他酒。美希很想相信丈夫的說法，但丈夫說的這些理由反倒加重了她的疑心。美希不禁想，丈夫平時為自己付出這麼多，說不定已經開始對這段婚姻感到疲憊了，所以去找別的女人似乎也是合情合理，這次是因為不小心喝到不省人事，才會被她發現，美希不停地合理化自己的懷疑。

因為心裡已經種下懷疑的種子，美希產生了想偷看丈夫手機的衝動。看過丈夫的手機後，美希沒有發現任何奇怪的地方，但這並沒有消除她對丈夫可能婚內出軌的疑心，她現在開始懷疑丈夫有其他聯絡外遇對象的方式。

聽完這一連串的事件後，我認為現在美希的內心裡有一股強烈的衝動。我的直覺也告訴我，這股衝動對一直以來跟周圍的人沒什麼接觸，變得無精打采的美希產生了巨大的影響。在他人眼裡看來，美希似乎有些反應過度，但美希內心的衝動促使她對丈夫產生懷疑，讓她認為這些疑心都非常合理，也都是透過縝密推斷下的結果。在這樣的狀況下，就算想辦法減弱美希思考邏輯的不合理性，或是一般治療中常說的侵入性思維，也不會對她的狀況有太大的幫助，所以我直截了當地對美希說了我的看法。

「我覺得妳是在幻想丈夫有外遇。」

對美希來說，我這句話乍聽之下就是句心理師的瘋言瘋語。

美希聽見這句話的瞬間雖然有些驚慌失措，但我卻看見一抹微妙的笑容悄悄地掠過她的嘴角，這樣的表現就代表美希其實壓根就不認為丈夫會背著自己搞外遇。那麼為什麼美希的心中會出現這種一看就知道不合常理的衝動呢？

這都是因為「快樂的匱乏」。雖然所有人都夢想著能夠擁有凡事順利，不會碰到任何困難的安穩生活，但只剩下安穩的日常並不會帶來任何快樂。因為只有在經歷巨大的痛苦之後，才能夠體會到安穩的日子是多麼地美好。

正是因為美希和丈夫的夫妻生活很美滿，不曾面臨過任何挑戰，所以美希只好透過想像丈夫有外遇對象時，所感受到的興奮與不安，讓自己獲得潛意識的快樂。如果光從情緒的角度來看，可能會有人提出異議，認為不可能會有人享受於這種可怕的想像之中。而我們如果將這件事裡頭的各種情緒和情感拿掉，只看能量的狀態和釋放出來的程度的話，美希其實已經被過度的興奮和不安給壓倒了。痛苦和快樂終究無法完全分開的理由正是如此。

無論美希怎麼深入探究自己的過去，接受再多情緒上的支持，還是無法擺脫憂鬱感。但自從她開始觀察自己的欲望，了解到它是透過什麼樣的方式尋找宣洩的出口，自己的行為舉止又是被什麼樣的破壞性衝動所影響後，美希逐漸恢復了活力。這雖然聽起來很諷刺，但在人類身上是非常有可能會發生的事。現在的問題是想要擺脫自己無精打采的狀態，就要採用具有破壞性的方式，還要承受這樣的行為所帶來的結果。除此之外，從美希的例子中可以看出，她必須要依靠他人才能夠獲得快樂。因為她只想透過外部的事件和思考方式，滿足自己生活中缺乏的興奮和憤怒，還有宣洩情緒的需求。陷入愛情也是一種任由自己被衝動驅使的行為。從這個角度來看，想要為自己的人生創造滿足與快樂，是一件極為困難的事。

更有意思的是美希的丈夫喝酒喝到不省人事的時間點，說不定在丈夫的潛意識裡，他是想要拯救變得無精打采的妻子，才會做出這種舉動。換句話說，說不定美希的丈夫是真心愛著她的。

為了自己切斷痛苦的鎖鏈

女性們在面對丈夫罪證確鑿的外遇跡象，或是處在丈夫很有可能有婚外情的狀況下，很難跳脫自己固有的想法，同時承受著無法用言語形容的痛苦。許多女性因為丈夫的外遇飽受折磨，卻還是緊抓著丈夫不放，到最後一刻都還是想要再三確認事情的真實性。這些女性在潛意識裡其實也清楚丈夫出軌是事實，但她們在意識層面卻不斷忽視所有疑點和證據，試圖要證明眼前這一切都不是真的。但每當有婚外情的丈夫搬出各種藉口搪塞時，這些女性又不願意相信他們所說的話。

從這裡就可以看出男性和女性之間的差異。一般而言，男性懷疑妻子或是另一半出軌時，大部分都不敢去確認其真實性，因為他們會害怕得到的結果是肯定的。其實無論是男性還是女性，他們的潛意識都很清楚對方出軌是事實，只是在意識層面上對這個事件進行的抵禦或應對的方式不同而已。

其實所謂外遇就是指「脫離象徵界所創造秩序的壞事」，是在社會協議的標準下，所受到的一種傷害。人類只能夠愛一個人的正當性是一種創造出來的規則，而不是人性化觀點下的產物。其實身在不同文化圈的人和不同的時代，看待外遇這件事的方式都不同。但我這麼說並不代表外遇是一件很理所當然，很正當的行為，也不代表我認為人們可以這麼做。我只是想強調有自己一套標準和視角的重要性，因為一般對結婚和家庭的絕對標準可能會引起反效果，讓想要違背這套標準的衝動變得更加強烈。

我真心地希望，這個世界代表父性秩序和婚姻和家庭的絕對性能夠變得更有包容性，也不會總讓人感到如此沉重。一輩子全心全意地只愛一個人可能是一件很美好的事情，但從精神分析的角度來看，也是種違反常態的行為。兩個人為了守護彼此之間的關係，維護他們之間的忠誠，不停探究能夠維繫關係的方式，這些全都是他們應該要做的事。但如果用「因為是夫妻、因為是已婚人士、因為是家人」當作是做任何事的前提，並對隨後發生的事抱持著封閉的態度，我們只會把自己逼進更加痛苦的境地。

人們夢想著能過上安定的生活，但安定的環境卻有奪走快樂的可能性，這讓人陷入了兩難。一旦人生中沒有了快樂，這就是個無比巨大的災難。這裡所說的「快樂」並不是指透過吃、喝或享受等行為，感到愉快的狀態。我所談論的「快樂」是指能量的興奮、刺激和反應等活力。

佛洛伊德曾說過人類的現實原則是躲避痛苦，維持穩定狀態的恆常性，也就是說，人類多半表現得較為保守，只想維持安穩的生活。人們為了能夠確保自己能過上安穩的生活，花了一輩子的時間向前奔跑。但我們絕對不能夠忽視在邁向安穩人生的過程中，自己不時在潛意識裡享受著的快樂。以何種方式享受快樂，也就是痛苦才是最重要的。雖然聽起來非常諷刺，但這樣的快樂一定會伴隨著痛苦和錯亂。

結婚是兩個孩子的相遇

「在提出孩子般的需求，又希望對方能扮演大人的角色時，兩人之間的矛盾和痛苦就會加劇，因為事實上是兩個人都還是孩子。」

在男性們常掛在嘴邊的話之中，其中一句是「為了養活妻小，擔起養家的責任，只能一直在外面打拚，結果妳連這點小事都無法諒解嗎？」這句話真的是要說它講得不對也不是，要說它講得沒錯也不是。

我有時會問那些來到諮商室的男性們一句話：

「如果你沒有需要負責的家庭，就不會做那件事了嗎？」

我之所以會對男性們提出上面的問題，並不是要他們把妻子或家庭放在他們人生的第一順位，我只是要他們別再躲藏在名正言順的理由後頭，學著更了解自己內心真正的想法而已。如果女性躲在孩子身後，但不放棄自己的生活，男性也不躲在身為一家之主的責任後頭，正視夫妻間的關係的話，這必定會是個幸運又美好的人生。如此一來，我們也能學著在一段關係裡頭和自己有更深入的接觸，得到讓自己變得更成熟的機會。

比起和他人的關係，男性更重視自己，這裡所指的自己並不是內在自我，而是和工作化為一體的自己。而男性們在社會上所處的位置，也讓他們更容易埋首於自己的生活和工作之中。用妻子、女性和孩子們當作藉口，男性們不放棄自己生活的理由總是那麼堂而皇之。在這種具有象徵性和正當性的理由下，男性們每天在面臨抉擇時，總是會先考慮自己和工作，妻子與孩子們的需求則排在那之後。

面對要求自己把家人放在第一順位，以家庭為重的妻子，丈夫們總是不斷地說明社會生活的重要性和可能引發的嚴重問題。妻子不斷地在丈夫那裡受到挫折，覺得自己被排除在丈夫的人生之外，在這樣的情況下，妻子就會想透過孩子們補償自己，但這一切只會讓她和家人距離越來越遠。

兩名孩子相遇並共組家庭

假如妻子和丈夫能用看孩子的眼光看彼此就太好不過了。兩名孩子互相憐憫、互相依靠，甚至互相保護。我們有時會看到某些戀人，把另一半的孩子氣看成是惹人憐愛的特質，像這樣的情侶，關係都非常融洽。因為把另一半當孩子看的瞬間，自己就有可能會站在成熟大人的視角看事情。

當我下意識地提出孩子般的需求，又希望對方能扮演大人的角色時，兩人之間的矛盾和痛苦就會加劇，因為事實上兩個人都還是孩子。女性對完全被保護和照顧是存有幻想的（不管她的對象是父親還是母親），當這些需求沒有被滿足，這些女性們就會將目標轉移到丈夫身上。但同樣也是個孩子的丈夫根本無法滿足她們的需求，在這樣的情況下，女性會因為無法被滿足感受到極大的挫折感，心也會因此受傷，處在充滿爭執和痛苦的關係之中。與這個情況相反的情況也是同樣的道理，如果無法停止強調自己的社會地位，用自己必須負起相應責任的藉口，不停向對方提出要求的話，是不可能迎來令人滿足的未來的。我們必須做的只有一件事，那就是拉回在他人身上的注意力，放到自己身上。

尚熙結婚之後就都待在家裡，只跟年幼的兒子溝通，跟丈夫之間則幾乎沒有任何對話。雖然尚熙的丈夫偶爾也會幫她做一些家事，但兩人除了日常生活必要的對話之外，從來不會聊天。就這樣一天過一天，尚熙開始思考過著這樣的生活到底有什麼意義，也不禁會想繼續這樣過日子也沒問題嗎？尚熙就這樣帶著滿腹疑問來到了諮商室。

尚熙第一次見到丈夫時，就發現他和自己過去交往過的男朋友們很不一樣。丈夫是個沉默寡言，看起來很成熟的男性。尚熙很喜歡這樣的丈夫，當時覺得這個人是個能讓她依靠，過上安穩生活的人，也是因為這個理由，尚熙決定和丈夫步入婚姻。結婚之後，丈夫很少大發脾氣，也幾乎沒對尚熙提過什麼過於無理的要求，但兩人之間卻始終少了一點親密感，這讓尚熙感到很鬱悶。只要試圖想聊一些跟情感有關的話題，丈夫就會露出尷尬的神色，用睡覺逃避。看著這樣的丈夫，尚熙心中越來越不是滋味，在她自己也沒意識到的情況下，對另一半的不滿和埋怨已經堆積如山。

尚熙的丈夫還有一點也很特別，那就是他無法對自己的母親表現出不悅，也沒辦法拒絕母親的任何請求。雖然尚熙的婆家也不曾做出什麼太過分的要求，但只要尚熙對婆婆的要求表現出一點不滿，她的丈夫就會變得手足無措，不知道該怎麼做才好，而丈夫的這種反應讓尚熙變得更加煩躁。我在諮商的過程中了解到在尚熙丈夫眼裡，他的母親是個可憐的女人，也正因為如此，每當讓母親失望時，他心裡就會有強烈的罪惡感。即便如此，丈夫還是開不了口要尚熙和婆家的長輩處得好一些，只能在每一個令他感到尷尬的情況下，選擇逃避。

有一天，尚熙問丈夫這樣活著到底有什麼意義，並要求離婚。聽見尚熙這麼說，從來沒有發過一次大脾氣的丈夫突然大發雷霆，並轉身離開。尚熙覺得緊咬著丈夫不放，繼續吵下去只會讓她更累，也有些害怕和丈夫起爭執，所以也沒有繼續爭吵，再次回到他們平靜無波的日常生活。

丈夫本來就不善於跟人爭執，那麼尚熙不繼續跟丈夫吵下去的理由又是什麼呢？尚熙的母親是個非常強勢的女性，所以尚熙從小就很習慣讓自己不要太顯眼，安安靜靜，不發一語地過生活，才能避免被母親教訓。而尚熙的丈夫則是婆婆唯一一名引以為傲的兒子，他從知名大學畢業，也在一間很棒的公司工作，但他和父母親之間的關係其實和尚熙差不多，在家裡時就是個不敢吭一聲的小孩。

在精神分析的過程中，我們了解到尚熙和丈夫其實有些相似之處。因為跟丈夫之間的溝通並不順暢，尚熙開始跟過去覺得有距離的母親越走越近，兩人之間的溝通變得越來越頻繁。尚熙的丈夫也一樣，他總是瞞著尚熙打電話，或傳簡訊給自己的母親，乖乖待在好兒子的位置上。這兩個人在結婚後明明就離開了原生家庭，建立起屬於他們的小家庭，但無論是尚熙還是她的丈夫，其實都還待在自己母親的女兒和兒子的位置上。

這對夫妻之間的關係除了是共同養育孩子的盟友外，似乎就沒有任何意義了。尚熙覺得不能再繼續這樣過下去，為了尋找出口，她試圖想探索自己的內在，但就在尚熙要開始行動時，一股無力感讓她完全邁不開腳步。她沒有勇氣憑藉一己之力挑戰新的事物，也從沒想過要拒絕娘家親人給予的支援。兩個無能為力的孩子就這樣待在同一個籬笆裡，一邊照顧著比自己還要更小的孩子，一邊過日子。

無法獨自生活的恐懼

一般而言，大部分的男性和妻子之間出了問題，還是能埋首於自己的興趣愛好或工作之中，他們會當作沒看見那個問題，或是毫不在意地接受自己的婚姻關係有了裂痕。他們有時會找朋友們一起玩樂，但大部分男性就跟手上有遊戲機就能自己玩得樂不可支的少年們一樣，比起處理夫妻之間出現的問題，他們更熱中於手中的遊戲機，但問題是他們通常只想自己玩，並不打算和妻子或家人分享。

有些「少年」在面對妻子時什麼都說好，看起來很貼心，但這有個前提，就是不能惹到他們。就像被母親照顧一樣，有些少年們會覺得自己接受妻子的照顧也是件理所當然的事。在這樣的少年身邊，被無力感和挫折感折磨的女性不在少數。對於重視人和人之間關係的女性來說，當自己和丈夫之間的關係不如預期般美滿，她們生活的意義也不復存在。

但並不是所有女性都只關心和丈夫之間的關係。讓女性感到無力的各種原因裡頭，也有可能是因為丈夫的位置的欠缺，她們並不期望身邊一定要有個男性或是所愛之人，她們只希望有個人為她扮演好丈夫這個角色。這也是為什麼有些人能夠在沒有愛情的狀況下，光看彼此的條件就能結婚的理由。這樣的婚姻不過就是一種功能性的結合，會選擇這種關係的人並不在乎自己和對方接觸時是否感受得到愛意、喜悅或厭惡，她們只不過是需要一個人進入自己的人生，扮演好丈夫這個角色而已。

就算是實質上經濟能力比丈夫好，獲得金錢的資源也比另一半多的女性，還是有可能會產生無法一個人生活的害怕和恐懼，因為她們真正在乎的並不是自己擁有多少資源。對這些女性來說，成為某個人的依靠和牢固圍籬，維持表面上看不出任何漏洞或缺乏的夫妻形象才是最重要的。其實不少夫妻都只是維持著互相利用的關係，女性需要一名男性在自己身邊扮演丈夫的角色，男性則是需要女性給予自己安穩的生活和家庭。

其實不管是繼續維持婚姻、一個人生活還是當一名單親媽媽，不停對和我建立了關係的主要對象提出最根本的疑問，是對自己和他人最符合倫理的態度。只有學著去承受在提出疑問過程中產生的不安與混亂，不停止思考，才能積累對自己的認識，開創只有我才能擁有的人生。以這種方式累積下來的知識與認知終究會成為我獨有的色彩，展露美好的面貌。

無法剪掉心理臍帶的大人

在我開始正式學習精神分析之後，對某個詞語的印象非常深刻，那個詞語正是「心理臍帶」。有許多人雖然外表看來已經是個成人，有著穩定的職場，甚至還生了孩子，過著安穩的家庭生活，但他們的內在其實是個還沒長大的小孩。

連結嬰兒和母親的實質物體正是臍帶，通常在嬰兒出生後，臍帶會由醫師或是家人剪掉，但很多人的「心理臍帶」可能會存在一輩子。這些無法剪掉心理臍帶的大人只是不像剛出生的嬰兒一般袒胸露背，穿著在社會上看起來很合理的衣服而已。照一般的狀況來說，比起用良好來形容他們與他人之間的關係，用尚未「斷奶」的形容會更恰當。實體的臍帶會由醫師或家長剪斷，但心理的臍帶就不同了，大部分的父母都不願意將它剪掉，甚至有許多父母會緊緊抓著那條心理臍帶不放。也就是說，心理臍帶只能靠我們自己的力量剪掉。

有許多來到諮商室的當事人會這麼告訴我：

「我一直很信任這段關係，對現在的狀態從未起過一絲疑心。」

這句話也可以解釋為下列的句子。

「我一直困在小孩子的狀態裡，寸步難行。」

假如在被父母親操控的狀態下遇見了另一名孩子，將自己和父母親的關係投射在對方身上過生活的話，絕對無法成為真正的大人。沒有真正長大的大人未來為人父母之後，跟子女之間也必定會有矛盾，重複著痛苦的生活。

現在的你是否已經剪斷自己的心理臍帶，進入一段新的關係中了呢？還是跟過去一樣依舊被那條臍帶給束縛著，只有身體變成大人了呢？

兩手都緊握著氣球，終究無法融為一體

「兩手緊握著氣球，還想著要牽對方的手，一定會出現問題。」

很久之前，當我還在修道院修道的時候，弟弟帶著即將結婚的女朋友來和我見面。雖然早就認識弟弟的結婚對象了，但聽到他們真的要結婚的消息，突然覺得弟弟和未來弟媳的模樣都變得好陌生，跟過去截然不同。

我們在修道院的前庭一起用餐時，弟弟在不經意間照顧女朋友的樣子非常自然，這明明就是件再理所當然不過的事了，我的心中卻莫名產生了失落感。我不禁會想「這麼多年來，弟弟都是我們家的一員，但現在他卻要成為別人的人了」，這樣的想法莫名讓我感到寂寞，心中也有點難過。有種心破了一個洞，整顆心空蕩蕩的空虛感。

在我心裡，弟弟是我從小到大最好的玩伴。當時我心裡想：「就連我都這樣了，兒子結婚時，母親們的失落感應該會更嚴重吧？」但其實這樣的情況下，最重要的是接受失落感和惆悵心情的態度。

無法放開孩子的母親

真的有辦法把孩子從自己懷裡交出去的母親並不多。在養育子女、陪伴孩子成長的過程中必定會面臨許多「失去」。雖然面對這樣的失去，這些母親們表面上會表現出很坦然的態度，但心裡是不是真的這麼想就不得而知了。當心中並沒有真心接受這種失去，就很容易產生矛盾和爭執。所謂感情就是認知到彼此的喪失、學著耐心等待，並互相忍讓，但這並不如想像中容易。

在婚姻之中，當某一方心中產生不悅或失望的情緒，和周圍的他人發生爭執時，他們比起檢視或照顧自身的情緒和狀態，會先開始放大檢視新家庭的不足之處，挑出這段關係中的缺點，不帶一絲猶豫地針對自己的喪失作出情感上的報復。

女性和男性接受失去的方式似乎非常不同，我的上一本書主要描述女兒和母親感情上的連結和母親的欲望吞噬女兒的故事。母親和兒子雖然有著比母女更強烈的情感羈絆，但大部分的兒子比較不會將自己的感受表達出來。在面對衝突時，男性比起把注意力放在問題上，花時間思考解決方式，他們更傾向於將目光轉移到自己的社會生活或其他事物上，逃避問題。母親們看見兒子結婚後，注意力全都轉移到自己的妻子身上，心中難免會有些失落。但一般的情況下，這種失落感並不會演變成和兒子之間的矛盾，只會加深婆婆與媳婦之間的芥蒂。

男性善於脫離存在矛盾的關係，相較之下，女性則會把三方之間緊張的關係當成是一種遊戲，並享受於其中。這裡所說的「享受」並不是出於喜歡的那種享受，而是精神分析上，一種被分類為症狀的享受。這種源自於症狀的享受代表在「享受」本身將伴隨相當大的痛苦，這種痛苦無法停止，只會反覆發生。

無法離開的歸屬

紀淑和男朋友在交往多年之後，決定攜手步入婚姻。因為兩人已經談了六年的戀愛才結婚，他們兩家人都已經把對方當成自己家族的一分子了。因為他們早就認定了對方是自己會攜手共度下半輩子的人，其實婚禮不過就是個儀式而已。雖然籌備婚禮的過程中還是產生了一些摩擦，但畢竟他們也跟對方的父母親認識多年，所以總在出現意見分歧時選擇退讓，或站在對方的角度思考。就這樣，兩人看似順利地開始了小兩口的婚姻生活。

但在他們結婚，正式開始一起過兩人世界之後，問題就發生了。婆婆突然用婚前從未提過的「家族傳統」做為理由，對紀淑身為兒子的妻子應該要做些什麼指手畫腳。像是要求紀淑一週至少要打一到兩通電話回去問候公公婆婆，週末也要回去婆家拜訪。剛開始，紀淑因為想要更融入丈夫的家庭，對婆婆的各種要求都言聽計從。但隨著婆婆的要求變得越來越多，紀淑心中也產生了許多不滿。有些人會把一些微不足道的小事當成是一種義務，或是為人處事的道理，認為如果是一家人，就理所當然要做到，但他們從來沒有想過，這些事對其他人來說可能不是一件容易的事。

就跟其他夫妻一樣，紀淑有時會向丈夫抱怨這些事情，剛開始她的丈夫還會充當中間人緩頰，但從某一刻開始，只要紀淑一抱怨，丈夫就會擺臉色給她看。在這樣的情況下，紀淑變得越來越難壓抑自己的怒火。雖然心裡不想這麼做，但還是會忍不住拿自己跟丈夫比較，腦袋裡總是想著：「丈夫不僅不用打電話給岳父岳母，我的父母親還會幫他講話，說女婿這麼忙，沒空打電話也是情有可原。為什麼就只有我一個人需要盡孝道呢？」因為這樣的想法反覆出現，紀淑的心裡也變得越來越不平衡。

我們每個人都應該好好想想為什麼出現這種奇怪的現象。在韓國這個父權至上的社會，還是有許多人老練地利用「做人的道理和義務」，這個儒家思想的美麗糖衣來滿足自身的欲望與需要。和女兒一樣同為女性的母親，對女兒和女婿的要求卻是天差地別，這樣的事實在精神分析上具有其意義，同時又讓人哭笑不得。

當然，我也不是在告訴大家必須斤斤計較，計算夫妻二人對彼此的家庭付出了多少努力。在我看來，最根本的問題就是夫妻沒有把自己的精力花在兩人共組的家庭上，他們最重視的反而是如何對待彼此的父母親，並把這稱作是對另一半的愛。

婆婆的需求時不時就會改變，所以無論紀淑怎麼做，都無法真正滿足她。覺得自己的需求沒有被滿足的婆婆，則是三不五時就會打電話給兒子，跟他抱怨媳婦的事。婆婆的這種行為，讓紀淑和丈夫吵架的頻率變得越來越高。甚至到最後，紀淑已經無力再和丈夫辯駁，選擇隱藏自己的感受，並放棄溝通。

兒子心中的恐懼

隨著兩個女人之間的矛盾和心理戰越演越烈，紀淑的丈夫心中萌生了想從這場戰爭中撤退的想法。有一天，紀淑聽見丈夫在和婆婆通電話，電話那頭婆婆的語氣完全就是個在和戀人抱怨的女人。電話那頭的女人對著丈夫哭哭啼啼的，她的聲音聽起來像是生怕手中的兒子會就這樣飛走，或是手中緊握的那條與兒子相連的繩索會斷裂一樣。

但是在這場婆媳戰爭中，丈夫並沒有選擇站在任何一方，他躲進了自己的洞穴裡頭，讓自己埋首於工作之中，在家裡也只進行必要的日常對話。丈夫越是這樣，紀淑就感到越是絕望。紀淑想：「當初我會選擇結婚，是因為覺得這個男人能夠讓我依靠，能相信他，一起度過下半輩子，結果他居然是一個這麼無情，又無法溝通的人。」除了這點之外，夢想中的婚姻生活成了充滿紛爭的地獄，也讓紀淑心死。紀淑有時會想，是不是因為自己不是個好媳婦，才會讓他們的婚姻走到這一步，甚至因此產生罪惡感。但要全照婆婆說的去做，把生活的重心完全放在配合婆婆和婆家長輩上也不是，心中越是矛盾，紀淑在情感上就越是依賴娘家的母親。

比起結婚前，現在的紀淑反而更常回娘家，每天都會跟她的母親通電話。原本以為結婚之後就能變得更獨立，能和所愛的人共組家庭過著幸福快樂的生活，結果一切卻變得比結婚前還要糟。究竟是哪裡出了問題呢？情況會變成這樣是因為婆婆什麼事都要抓紀淑的毛病，和她不願意放開兒子的欲望嗎？還是說其實是因為紀淑母親的態度太過消極，聽了女兒的抱怨後，不但不責怪女婿，還告訴女兒男人要負責養家，本來就會這樣的緣故呢？

其實女性們忽略了很重要的一點。結婚後發生了婆媳間的矛盾，甚至是岳婿問題時，男性所表現出的行為其實與其說是漠不關心，應該要說是害怕才對。比起女性，男性其實更害怕跟母親分開後會面臨的各種問題。雖然不是所有人都這樣，但相較於女性，男性們在面對母親時的心理狀態，跟女兒們對母親愛恨交織的心情是有差異的。男性們雖然不敢拒絕母親，也會對讓母親不開心這件事感到害怕，但他們之中大多數的人都不會意識到這種感覺是「恐懼」，他們會覺得自己只是不喜歡尷尬的場面，想要避免家人之間的摩擦而已。

從某方面來說，工作這個強而有力的避難所也為他們的「逃難」助了一臂之力。要兒子跟母親拉開距離，將注意力全都放到自己新組的家庭上，本來就需要一段時間，但也有不少人成功做到了。不過更常見的情況是，除了情緒上的分離之外，和母親的關係之間還有經濟上的牽扯，在這種狀況下，問題就沒有這麼簡單了。

錯綜複雜的親子關係

建立了新家庭之後，和原生家庭家人們的關係必然會失去些什麼。但在失去的同時，我們之中似乎又沒人願意打開心胸接受這個事實，因為人們很清楚這麼做會受到傷害。關係發生了變化後，父母親比起忍受變化後帶來的惆悵和失落感，會把這一切歸咎到子女身上，覺得是他們變了，要求他們回到以前的樣子。

一旦位置改變了，自然會發生變化。明明兩個人的位置都變了，卻不去考慮雙方的環境和位置，只顧著埋怨對方變得跟之前不同，要求比過去更緊密的關係，這其實就是一種「不管，反正我什麼都不想失去」的態度。

子女們除了害怕面對失去所帶來的傷痛之外，他們又被只要父母親開心就是好事，以及所謂為人子女的道理給束縛，這讓解決矛盾這件事變得更加困難。當一對戀人決定攜手共度下半輩子時，就必須要放下自己雙手握著的那兩顆名為父母親的氣球，才能好好握住對方的手。然而要認知到這一點，重新開始並不是一件容易的事，因為「家人」這個存在實在太強大了。

兩手緊握著氣球，還想著要牽對方的手，一定會出現問題。我們不能害怕隨著建立起新家庭後產生的各種矛盾，也不能一味地選擇逃避。每個人當然都想用機智的方式解決紛爭，維持最完美的距離，但這只不過就是幻想著有最理想的解決方法，不願意承受痛苦的心態而已。

如果想維持婚姻生活，紀淑第一件要做的事就是更深入地了解自己和丈夫之間的關係，努力去了解對方的過去。比起期望對方能敏銳地察覺出自己的想法，又在期待落空後受挫，應該要更積極地採取行動，尋找能夠和丈夫好好溝通的方法。

紀淑用循序漸進的方式，慢慢讓丈夫知道她現在的狀態，除了告訴丈夫自己正在接受個人精神分析之外，也向丈夫提出可以一起接受夫妻諮商的建議。當然，在紀淑的個人精神分析過程中，我們也站在客觀的角度，間接了解到她丈夫的狀態。父母親是我們每個人所愛的對象，同時也是最難翻越的高牆。

為了我的人生，不得不放開的氣球

從小到大，我們的認知就是在遇見所愛的人後，跟對方攜手共度下半生，結婚生子，這一切似乎都再自然不過了。但會有這樣的認知是源自於我們在生活中所「學習」到的常理，別人都這麼做，所以我也必須這麼做。在步入婚姻之前對彼此有更進一步的了解固然重要，但我認為結婚前我們最應該做的就是回到原點，試著對自己提問，問一問自己為什麼想結婚，結婚後想過什麼樣的生活，又是否曾思考過婚姻代表著什麼樣的意義。

所謂平凡、普通的生活其實跟文化及社會現況有著緊密的關聯性，我們的想法和對理想人生的想像都是透過學習獲得的結果。但問題是，我們無法在學習而來的生活中感受到幸福和喜悅。在這個問題上，最重要的就是我們從未對那些曾經認為是理所當然，認為那就是幸福的事物抱持懷疑的態度，或是提出疑問。提出這樣的疑問永遠不嫌晚。只要能察覺到自己內心存在著不安和不滿足，意識到自己的不自在，無論那是什麼時候，都還不算太晚。

Chapter 4

女人，堂堂正正地為自己而活

——關於妻子的自立

從妻子變成我

「所謂更好的選擇和正確的選擇並不存在，只有讓自己的決定變成正確選擇的過程而已。」

所謂信念和自我意識很強烈，其實就代表這個人受到父母親和周邊重要他人的影響非常大。個人的主觀信念和哲學非常明確，換句話說就是比起一般人，被語言和聲音所束縛的程度更強。

某一天，采泓來到了我的諮商室。采泓高中畢業後，一路從大學到出社會都非常努力過生活，結婚之後也把丈夫和孩子們照顧得無微不至。采泓是個擁有專業技術的專業人士，有個人人稱羨的職業，她的丈夫的經濟狀況也很好，一家子過著衣食無虞的生活。在養育孩子上，采泓當然也提供了他們最良好的環境和最優質的教育。除此之外，采泓為了不讓孩子們變得傲慢無禮，經常告訴他們要當個謙虛的人，也要懂得與相較弱勢的人分享自己的資源。但采泓也不是光出一張嘴的母親，她也會以身作則，直接用行動來教育孩子。

但隨著時間的推移，采泓因為內心無法被填滿的孤獨和空虛感陷入了憂鬱的情緒之中，每一天都過得很痛苦。這樣的狀況持續了一段時間後，在一個意料之外的瞬間，采泓的情緒爆發了。采泓被自己激動的模樣給嚇得驚慌失措，於是輾轉來到了諮商室。采泓跟那些因為受盡各種折磨，前來接受精神分析的人不同，我仔細地聽著她的故事。

觀察我的本質

采泓是個規規矩矩的老實人，她想要活出完美的人生，所以認真對待每一件事，從不馬虎。除此之外，她想要成為一名個性沉穩、待人寬容的人，也想將她的孩子們教育成優秀的大人。這樣看來，采泓其實一直都朝著眾人渴望的理想人生邁進，那麼她的人生又是怎麼產生裂痕的呢？

如果先說結論的話，采泓現在之所以會這麼痛苦，是因為那些理想人生的標準都是別人的，而不是她自己的。這裡就可以用拉岡著名的理論「人的欲望即是他人的欲望」來解釋。不管采泓再怎麼努力填補空缺，獲得多少成就，她的人生還是存在裂痕和漏洞，無法變得完整。永無止盡的缺乏感反而會讓采泓更不想面對人生的漏洞，下意識地將它隱藏起來。欲望不停煽動著我們，只要填補所有不足就能變得幸福，這個社會也是由能將漏洞隱藏起來的各種精巧裝置所構成的。如果努力地修補、修飾、填補，這個漏洞暫時能被藏得天衣無縫，但未來某一天，它還是會透過某個契機再度現形。

采泓會來到諮商室，其實是因為想加強自己調節情緒的能力，她覺得只要補強這點，自己就能變得更完美，獲得更加完整的幸福。

明明過著別人羨慕都來不及的生活，采泓對自己的人生卻一直覺得不滿意。采泓是一名年齡四十中半的女性，為了保持美麗的外表，她平時會做一些微整形。也會透過冥想和瑜伽來雕塑身體曲線，想穿什麼衣服就穿，反正怎麼穿都好看。采泓很感激自己現在擁有的一切，但她為什麼還是無法填補內心的空虛呢？這是因為她現在所擁有的一切都是出自於「跟別人一樣」還有「跟別人比較之下」的基準。

「普遍性」這個詞語跟「世俗的」其實可以說是同一個意思。雖然我們在使用「世俗的」這個詞的時候，大多都帶有負面的意涵，但它其實就是任何一個人都能接受的「普遍標準」。但我並不是要說只要丟掉這些世俗的價值，過著如修道僧人般的生活，人生就能變得圓滿，無力感和空虛感也都會消失。我想說的是我們之所以會感到空虛，是因為沒有將他人的成就，和他們所持有的東西的意義內化成自己的東西。也正是因為如此，無論得到再多，那個空蕩蕩的漏洞還是在那，隨便一陣風吹來，就沒有東西能將它藏於無形了。

所以我們必須要變得孤獨。孤獨和孤立不同，孤獨是無論身在和什麼樣的人的關係之中，無論處在什麼樣的條件下，都能夠明確地界定出自己和他者的界線。無論他人對我們的稱呼是什麼，處在什麼樣的環境下，都不能讓自己的本質被同化。

真正的變化從接納開始

我們總是夢想著能過更好的生活，有許多人來到諮商室，是為了成為和現在的自己完全不同的人。那麼「變化」究竟是什麼呢？曾經非常內向的人突然搖身一變，變成一個行事瀟灑又極度外向的人，這種戲劇性的改變就能稱之為變化嗎？在我看來，這種例子並不算是真正的變化。

真正的變化，真正的奇蹟並不是從內向變外向的戲劇性改變，而是不再厭惡一直以來被自己嫌棄內向性格和消極面，並學著愛上這些特質。我說要愛上它們，並不是指利用阿Q的精神勝利法陷入自我陶醉，沉醉在自己所擁有的一切特質裡，而是要接受自己最真實的樣子。

「最真實的樣子」這個詞語似乎成了流行語，或是家喻戶曉的經典名句，但很少人真正理解這句話的意思。這並不是要我們在丟棄、刪除或是消滅某些特質後，創造出一個新的面貌，而是要用新的視角去看自己原本就擁有的東西，即便那是一種症狀也一樣，這種靠自己的意識作出的變化才能被稱為是真正的變化。

所以說這種變化是結構性的變化，更接近本質也更加深入。也正是因為如此，我們會需要花費更多的心力，不停地和自己的思想進行對話和鬥爭。看起來完美無缺的解決方法和各種技巧比比皆是，讓自己來個一百八十度大轉變，乍看之下也是個不錯的選擇，但說穿了，這就跟再次閉上雙眼選擇忽略一切沒有兩樣。

其實精神分析很難看作是一種治療，因為這並不是一種能夠直接消除症狀的醫學。比起治療，應該說是一種以人文科學探索潛意識世界的嘗試。精神分析不是一種透過因果來理解症狀，並將症狀去除的過程。而是一種對人的本質進行提問，接近當事人想透過症狀揭示的個人真相與真理的方法。這是一種不受任何規範拘束，不停和自己對話的過程。這就是治療與治癒之間的差異，如果再把範圍縮小一些，我會說這不是治癒，而是一種恢復。

許多這方面的專家都主張要愛自己。但是看著鏡子裡的自己說「我很美」、「沒錯，我是個很不錯的人」、「我做得到」，這種自我催眠真的就叫做愛自己嗎？事實並非如此。也有一些人會採取更簡單的做法，像是為自己買一些比較高級的包包或是好看的衣服，藉此獲得慰藉。如果這樣做就能感到開心的話，當然也很好，但如果仔細分析這個行為的本質，其實也不過是一種服從資本的操控，透過學習「如何滿足自己」所做出的一種行動而已。

我們真正要給自己的禮物是一種伸手抓不住，肉眼看不見的變化。因為讓自己變得盲目，不停地自我催眠終究不是一種珍惜自己的方式。我想說的是雖然要下定決心只為自己而活十分困難，但這還是一件非常值得嘗試的事。

相信自己的選擇邁步前行的人生

我經常會碰到人們這麼問我：

「心理師，那我現在該怎麼做才好呢？」

該怎麼做才好呢？在意識到自己一直以來建立起的所有關係都是出自於內心的幻想，了解到一直以來堅信是「家人的愛」的愛，其實是父母親的欲望佯裝而成的，就會產生想脫離這一切，重獲自由的想法。

但是和家人斷絕關係，和配偶或是戀人分開，就能夠讓過去的我脫胎換骨，成為嶄新的自己嗎？這些選擇當然也是其中一種方法，但在現實生活中結束某一段關係，並不代表我們就不會被潛意識影響，反覆踏進相同結構的關係之中，也就是說這種方式並不能帶來真正的解脫。真正的變化是從接受過去的自己，和當時圍繞著我的各種幻想與現實開始的。

其實該怎麼做並沒有百分之百正確的解答，只有我在過程中，為了找出解答所付出的所有努力而已。人們總是為了能夠作出更好的選擇，更正確的選擇而苦惱不已。在這樣的過程中，他們會尋求神的幫助，或是不停地向這方面的專家詢問答案。但在我看來，所謂更好的選擇和正確的選擇並不存在，只有讓自己的決定變成正確選擇的過程而已。

何謂自主的人生

「所謂主體性就是不讓他人草率地對我妄下定論，不允許他們用自己的方式看待我的態度。」

我們都生活在不停襲來的「意義」，以及不斷產生的各種「形象」的海嘯之中。像是夫妻就是應該分享一切，什麼事都一起做，身為一名母親、妻子和女性，究竟要怎麼做才叫自主？人類就是要不停成長、不停進步才能說是有好好過生活，這類的定義不停地被這個社會創造出來。具有什麼樣的外貌才能被稱作是美麗，家中的成員就應該要和睦相處，沒有紛爭，才能被稱作是一個完整、健康的家庭，又要擁有多大的空間才算是過著令人滿意的生活。為了達到這種完美人生的標準，我們在生活的同時也不停地在消耗自己的能量。

但這樣的標準並不適用於每個人，也不是一種無法改變的準則。近來，所謂自主的人生似乎成了眾人關注的一種價值，就像是一種流行一樣，自主的人生成為了人們所認知的重要價值。舉例來說，過去人們會認為離婚對女性來說是種恥辱，但最近大家卻很崇尚把離婚這件事直接說出來，離了婚也能活得堂堂正正。從這裡可以看出，我們的社會結構和環境已經和過去變得不同，不管是針對離婚，還是其他類似的事件，人們的看法也會不同。也就是說，我們現在認定的那些常識，還有普世價值都不是絕對的，並不會永遠不改變。因此我現在想談談人們必須時時刻刻對自己認為正確，或錯誤的價值和意義抱持懷疑的態度。

主體性真正的意義是什麼呢？

主體性並不僅僅源自於個人的主觀意識，它和社會也有非常緊密的關係。主體性就是一種讓自己和無數關於價值和意義標準保持距離的態度。

那些擁有專業性職業的人們，經常會認為自己的職銜和地位就等同於他這個人的本質，誤以為自己正在過著自主的人生。那麼假如哪天他們的地位和專業性再也無法發揮任何價值的話，這些人還算是個擁有主體性的人嗎？如果一直以來都過度依賴自己的地位和專業性，一旦這些事物消失，這種人的自我也會跟著一起消失，這樣的生活方式跟擁有主體性的狀態相差甚遠。不管我處在什麼樣的狀態下，做著什麼樣的事情，都要謹記這些事物不等同於我自己。即便有天這些事物不復存在，我成了一個什麼都不是的人，也能不為所動，才是人類最為自主的狀態。

瑛恩在結婚之後也沒有停止工作，但某一天，瑛恩的丈夫卻告訴她自己很認真地在考慮離職。瑛恩本身從事的是專業性很強的工作，她在這個領域鑽研了多年，現在好不容易才站穩腳步，能夠完全投入自己的工作之中，但丈夫卻在這時提出了想要離職的想法。聽到丈夫這麼說，瑛恩瞬間覺得自己眼前被人擺了一塊巨大的石頭，連續好幾天都陷在深深的苦惱之中。

瑛恩認為對男性來說，五十歲這個年紀是個轉捩點，同時也是能夠改變自己人生的最後機會。瑛恩覺得自己不能夠用一家之主這個理由阻擋丈夫作任何嘗試，剝奪他可能改變自己人生的機會。就算不去談論身為一名妻子對丈夫的愛，瑛恩認為做為一起生活了十多年的人生伴侶，就應該要守護他們互相扶持多年的情誼。對瑛恩來說，讓丈夫去做他想做的事，就等同於是盡了生而為人對另一半應有的道義。這時候的瑛恩並不是用一家之主的角度看丈夫，她只是以一個同齡人的身分，對和自己處在同一個年紀的人給出了最適當的建議。

從另一方面來看，先不說丈夫到底要不要離職這件事，瑛恩其實有些埋怨丈夫，因為他這麼做等同於是把這巨大的煩惱，和作出決定的沉重負擔丟到自己身上。但與此同時，瑛恩也突然意識到一件事，其實他們兩夫妻擁有的根本沒別人那麼多，卻總是被需要「維持」某些東西的想法給束縛住。這樣的束縛似乎提供了名為安穩和現實的不在場證明，但其實光是意識到不管擁有的東西是多還是少，自己的心也不會因此變得窮困，瑛恩的心情就變得輕鬆許多。

後來瑛恩告訴丈夫自己同意他辭職，要他去做自己想做的事。如果之後碰到了困難，就去便利商店打工也無所謂。瑛恩這些話並不是隨便說說而已，她是經過長時間的思考，確定自己真的能夠接受這種結果才會這麼告訴丈夫。瑛恩的想法是如果生活真的因此變得艱難，覺得日子要過不下去了，到時候再來思考要怎麼解決問題就好了。這麼告訴丈夫之後，瑛恩突然有種重獲自由的感覺。因為瑛恩的這些話其實不只是在對丈夫說，她同時也是在對自己說。接著瑛恩又這麼告訴丈夫：

「我們就盡自己最大的努力生活就好了。不用拚了命地想要去維持什麼，只要活著的每一刻都盡力而為，必定能從中獲得一些什麼。孩子們也會從我們的生活方式學到該如何在這世上生活的方法。」

我們對這模糊，又令人看不清的未來和老年生活具體作了多少規劃，又是否一步一步地好好走在自己的規劃上，都會影響我們的自豪感。但事實是無論我們規劃得多詳細，也不可能達到完美，錢存得再多也永遠不夠，「再多做一點，再努力一些」這類的話不停地操控著人們的想法。

我理想中健康的人生就是要對模糊不清的未來和不確定敞開心扉，抱持著開放的態度。這種生活態度就是在不知道自己步入那個模糊的未來後，會獲得幸福還是遭遇不幸的狀況下，也能用堅強的心去面對，不論結果是好是壞都能夠坦然接受自己的人生。因為「我不可以受苦」、「我不可以變得不幸」的信念其實就是種幼兒時期帶有自戀傾向的幻想而已。對自己的人生抱持著開放的態度，反而能讓自己變得更加從容，以更積極的方式過生活。能夠在遊刃有餘的狀態下，等待著未來又會發生什麼樣的事才是一種真正的快樂吧？

不把自己變成宗教的一種

在我們的意識裡頭其實有著非常精細且明確的階級，所以只要發生任何一點會讓自己往下一個階級掉的小事，人們就會把這個事件當成是人生中的失敗和挫折。所謂和自己還有自己的人生保持距離，其實說的就是一種生活態度，不讓自己被那些階級給局限，把人生看作是一條水平線，不管想要移動到哪個位置都無所謂。我希望各位不要把自己關在這個社會對你的稱呼裡頭，也不要太過依賴這個稱呼，只在這個角色裡面尋找歸屬感，並將它當成是你的本質和主體。

所謂主體性並不是指只相信自己的主張，不顧一切地向前推進，堅定地相信自己所作出的抉擇具有其正當性，從不存有一絲疑心的狀態。如果什麼事都要自己作決定，認為唯有自己的選擇才是正確的，這跟把自己變成某個宗教沒有什麼兩樣。真正的主體性，應該是一種和天鵝在水下不停踢水的行為相似的狀態，是一種不斷對自己周遭的一切和正當性提出疑問，不被固有觀念給困住的態度。

那些具有主體性的人，會不斷對自己為什麼會以這樣的方式存在此處提問。這類型的人不會允許任何人利用言語權力對他們設限，或是直接以心理學標準和症狀的名義阻止他人理解自己，表現出不允許他人以某種方式看待自己的態度。

不做他人的對象，只做我自己

「比起把對他人的照顧和付出當作是必須得到回報的事，讓自己站在單純想為對方做這些事的立場，才能夠形成愛。」

對女性來說，「擁有」這個詞代表了什麼樣的意思呢？達里安·利德在他的著作《為何女人寫的信比她們寄的信多？》裡頭曾提到「女性的孤獨是沒有跟父親在一起」，而「沒有在一起」本身就是主體的夥伴。從伊底帕斯的觀點來看，女性之所以會感到孤獨，是因為父親的位置上沒有人。

這裡所指的父親的位置是指女性幼年時期所認知的父親的「位置」。大部分的女性會選擇和男性在一起，並認為自己是和父親在一起。這也是站在精神分析的立場所談論的女性與父親，以及女性與男性的關係。換句話說，小女孩在成長的過程中放下了對父親這個真實人物的執著，在某種程度的妥協（正常的壓力過程）之下，選擇透過丈夫這個角色和象徵性的父親待在一起。

對單身主義者或沒有另一半的女性們來說，她們的夥伴不是男性，而是「男性的不存在」本身，她們不會抵抗因為父親不在造成的空缺，並把其當成是「性對象」。所謂「選擇父親的不存在」，裡頭所說的父親並不是指我們真正的父親，應該將其看作是小女孩幻想出來的父親才對。就像許多男性會渴望擁有一名和藹又溫柔寬容的母親，女性自然也有她們無法捨棄的理想父親形象，她們經常會說「我要找一個跟我爸爸完全不同類型的男生交往」，或是「我要找一個跟我爸爸一模一樣的男生交往」。從這兩句話中就可以看出女性選擇交往對象的標準，無論是正面還是反面，都能看出她們都受到父親的影響。

女兒的欲望是什麼

達里安·利德曾經舉過一個非常有趣的例子。那些進入宗教團體，與世隔絕的女性們，例如修女，對她們來說，比起要找擁有什麼樣特質的對象，她們會選擇全然地放棄，把自己的存在建立在「不願意擁有」、「無法擁有」上。

考慮到缺乏是欲望的必要要素，像修女一樣一輩子都無法擁有任何一名男性的神的女人，才是最能展現女性氣質的存在。她們終其一生都讓自己處於缺乏的狀態下，以孑然一身的空白狀態向神（父親）展現自己的模樣。

其實我當年之所以會進到修道院，也和父親有很大的關係。我的父親覺得他所處的世界很令人絕望，所以一直都很想要進到修道院裡去。父親過去的生活非常艱難，他被不幸的成長過程和喪失感所折磨，所以很渴望能夠受到完全的保護，不用和現實世界接觸，在遺世而獨立的修道院裡頭過著規律的生活。

從小學低年級開始，在學校就經常提到關於我的志願的話題，當時的我總是說自己未來想當修女。父親當時就已經將自己的願望投射到我的身上了，只不過年幼的我也深信自己的夢想就是要當修女，不曾有過一絲懷疑。我們所有人的思想、想法和價值觀都跟父母親有著密不可分的關係，對年幼的子女來說，他們沒有辦法選擇自己想不想要被影響，這也是父母親和子女之間如同宿命般的關係。

小時候在教堂遇到的修女非常疼愛我，在教堂的院子裡玩耍的記憶也令我印象深刻，我一直以為自己是受到這些事件的影響才會立志要當修女。一直到我進入修道院之後，我也從沒懷疑過自己之所以想當修女是因為這些理由，但如果談到比較深層的內在層面心理現象的話，就會發現這會對孩子造成一定的影響，讓他們認為自己會有這樣的願望是非常合理的。反過來說，只要是從小就受到修女們的疼愛，經常在教堂周圍活動的人，他們的夢想就都應該要是成為修女或神父才對。所以說那些理由並不是真正的理由，而是我對自己心中願望的理解，和說服自己這真的是我的心願的一種方式。因為唯有這麼做，在我心中驅使著我這麼做的他人（父母親的欲望才能繼續存在。

實現父親欲望的對象

父親對與世上所有骯髒的一切隔絕的純潔女性有著幻想，而他們將這樣的幻想投射到了女兒的身上。這就是父親心目中理想的女性形象，又或者是母親形象。

我像呼吸空氣一樣，將這個觀念內化到我的生活和價值觀裡頭，但那其實只不過是一名對修道院的理想化形象情有獨鍾的男性，所擁有的單純渴望。父親之所以會對修道院有著理想化的形象，和他的成長背景和個人的經歷有很大的關聯性。有些女性們在看著父親時，會想將父親的欲望變成自己的欲望，她們想透過擁有同樣的欲望，將父親了解個透徹。所以對我來說，要能夠達到這樣的目的，我所能做的就是成為修女。在接受個人精神分析的過程中，我終於了解到自己想成為修女的夢想背後其實藏著欲望。這是一名小女孩，一名女兒渴望能擁有父親的方式。

在修道院的時候，我的心中不斷產生各種渴望和疑問，我不停地追尋著解答，但又在過程中發現那些欲望本身並沒有解答。因為這就跟我在將父親的欲望變成自己的欲望之後，不停想透過父親的認可（愛）確認自己的存在沒有什麼兩樣。

在無止盡的祈禱和渴求之中，我試圖要從神那裡得到解答，努力想透過自己的內心確認某些事情，我將父親的位置清空，讓神取代父親的位置，並在自己屬於神的歸屬感中證明自己的存在。但當時的我根本不知道自己想要什麼，也不清楚自己想要得到的解答為何。

這也是想要成為父親持有欲望的對象「純潔女性」的一種行為，從伊底帕斯的觀點來看，當時的我是想要成為父親的對象。當然，在這個過程中，父親的欲望和我之間產生了裂痕，也不斷地引起混亂。我在享受著團體生活和修道生活帶來的快樂和意義的同時，那些我自己也無法理解的內在混亂和疑問也從未停止過。準確來說，正是因為我是活在父親的欲望，也就是拉岡所說的「他者的欲望」之中，所以內心的混亂才無法停息，在這樣的狀態下，我離開了修道院。

我真的想要過的生活並不是活在他者的欲望之下，而是過完全屬於我的生活。雖然當時的我根本還搞不清楚過自己的生活是什麼意思，但我很確定自己內心的矛盾和鬱悶，是我沒有活出自己人生的明確信號。

自己主動成為對象的愛情

有許多女性會認為在愛情之中，最好的狀態就是屬於對方，這也是女性認為應該要步入婚姻的理由。雖然有些女性會用到了適婚年齡，或是周圍的人對自己施加壓力等原因，為自己決定結婚添加一些正當的理由，但對女性來說，結婚就是「所屬」與「歸屬」。

一般而言，我們所認為的典型賢妻良母型女性都會有「奉獻」這個特質。但其實這樣的特質最一開始的原型是放棄，女性放棄了自己的一部分，讓「他」成為自己的「所屬」，只是這種放棄在人們眼裡成了「擁有的特質」。這是源自於女性想要實現愛情的終極欲望，為了擁有，就必須放棄某些東西。

女性的其中一種精神官能症現象有個特點，那就是比起親身實踐，她們更傾向於透過他人來幫助自己達成某個目的。無論這種方式是要讓自己屬於某個人，或是彌補別人的不足，本質上都需要他人的存在。不要去煩惱怎麼讓自己成為他人沒有我就不行，或是對他人來說必要的存在，最重要的是要怎麼把我需要的人從他人變成我自己，成為對自己全然信任的人，並思考自己該作出什麼樣的努力，才能過著能讓自己感到滿足的人生。

不透過他人達成自我實現和自我滿足，愛情才會萌芽。比起把對他人的照顧和付出當作是必須得到回報的事，讓自己站在單純想為對方做這些事的立場，才能夠形成愛。何不試著稍微脫離「我需要的他人，他人需要的我」這個觀念呢？好好思考什麼才叫做一起生活吧！

面對難堪事實的勇氣

「將症狀主體化，就是去面對那些曾被潛意識刻意迴避，令人感到不適的真相或自身的真理。」

所謂精神醫學上的治療，就是某些現象被醫生診斷為症狀，再根據診斷的結果開處方，透過藥物消除或減緩症狀。醫學上認為症狀是一種「疾病」，但站在精神分析的角度來看，症狀並不是一種疾病，而是「信號」。

我在研讀博士時，曾經就對有憂鬱傾向當事者的稱呼，和共事的人起了爭執。因為對方工作的地點是在醫院，所以他的視角自然而然就變得跟醫師們一樣，也是因為如此，他才會稱呼有憂鬱傾向的當事者為「精神疾病患者」，我還記得當時我很強烈地對那個稱呼表達了不認同。

從拉岡的觀點來看，那些在醫學上認為必須要接受治療的症狀，即是脫離大他者的語言體系所打造出來的「大多數的範疇」，或是在不適應多數的情形下引發痛苦的一種狀態。症狀當然可以靠藥物的幫助來壓制或消除，而這種處理方式從精神分析的觀點來看，則是一種近似「去勢」的行為。在醫師這個具有權威的人物使用他的權力語言指出症狀的名稱（診斷）之後，我們自然就會將自己精神和身體上的現象都全當成是醫師診斷出來的「疾病」，開始接受治療。根據統計，這些症狀還會被分為正常與不正常兩個範疇。

在精神分析領域中，「正常」這個概念本身就不存在。分類只會出現在將欲望結構分為精神官能症、性倒錯和思覺失調症時，而這樣的分類是為了要了解該個體的生活方式和結構。

精神醫學和精神分析之間的差異

從我個人的經驗來看，大多數的男性會選擇到醫院接受藥物治療，女性們則是大多會選擇諮商治療。從這樣的差異中可以看出某些很男性化的特徵，像是喜愛權力語言和順應該體制。而女性的歇斯底里症狀，也就是精神官能症之中，存在著某種無法用權力語言壓制或「去勢」的東西。

利用藥物將某種衝動和欲望「去勢」，使有症狀的人成為能夠順應這個社會的人類，這樣的行為很難說是在為該個體著想的前提下，所做出的處理方式（不過當犯罪行為牽扯其中時，則必須視為例外）。而拉岡的精神分析就是用另一種語言體系，來解釋人們不適應的症狀和現象。

在沒有語言介入的狀態，說得更詳細一些，就是由語言發展而來的意義、秩序和法律不存在的狀態就稱為思覺失調症。對有思覺失調症的人來說，他們的世界並不存在常識和普遍性。沒有思覺失調症的人都受到語言的影響，進而了解到所謂「正常」的意識，但這樣的意識會肆意地再次對人進行壓迫。在語言的介入和壓迫之下，潛意識就會現形。所以說有思覺失調症的人是處在沒有潛意識的狀態之下。

所謂精神分析就是一點一點地將被人類壓抑的某種東西解體，分解那些我們對自己設下的強硬法則、規定和秩序。可以看作是將潛意識分解，將原本設下的各種基準和框架調整成更加開放的狀態，讓潛意識變得更加靈活的過程。讓在沒有意識到的狀態下，因為母親的話語和父親下的禁令被束縛住的意識，以及任意擺布意識的潛意識變得靈活。

如果說醫學注重的是適應和效率，我認為精神分析注重的是存在本身，還有對待該存在時，符合倫理道德的態度。但因為精神分析要花費的費用和時間都比就醫還要來得多上許多，嘗試的人相較之下就自然會比較少。

症狀的滿足

為了消除症狀所作的一連串努力和治療，反倒會為症狀本身帶來特別的滿足感。這種滿足感屬於病理上的滿足，說得委婉一些就是潛意識的滿足。

舉例來說，為了不讓重度購物中毒者買東西設下各種限制，反倒會讓他們對購物這件事得到症狀上的滿足。至於能夠真正說服購物狂的方法，就是讓他們了解到對購物的狂熱現象並不單純只是獲得快樂的行為，而是一種隱蔽真正問題的手段。在面對這種情況時，精神分析和精神醫學會選擇兩條截然不同的道路，因為這兩者對待症狀的態度原本就不同。

從精神分析的角度來看，購物中毒就是一種「填補漏洞」的行為。購物中毒者會透過不斷地消費來逃避現實，其實購物就跟能夠麻痺感覺的酒精和遊戲一樣，用來填補內心的漏洞。會做出這類的行為是為了要抵抗不停襲來的虛無、喪失和欠缺感，快速地讓自己得到滿足，享受那一瞬即逝的滿足感。同時，透過購物獲得的物品也會加強滿足感，像是買了一件漂亮的衣服，就會把自己和那件衣服視為一體，藉此獲得自戀的滿足感，如此一來就能填補我心中的漏洞。

精神分析的課題並不是去除能帶給主體滿足的症狀，而是如何將症狀主體化。

症狀的主體化

在精神分析中，分析行為針對的是分析的終點，拉岡將其稱為「通過」。

「通過就是從分析者成為分析師的主體變形。這裡所指的通過並不是經過某個地點，或是移動到另一個場所的行為，而是看著死巷的狀態。分析的盡頭就是在原地踏步了兩次，了解到自己被什麼給捆綁，只要能知道束縛著我們的是什麼就足夠了。」

——拉岡

以購物中毒為例，所謂將症狀主體化，就是讓自己脫離無止盡的消費和隨之而來的疲憊感，試圖改變上癮的現象，用其他方式來讓自己得到滿足感。舉例來說，可以嘗試將這種行為提升到另一個層次，甚至是抵達昇華的層面。為了這麼做，就要去面對那些曾被潛意識刻意迴避，令人感到不適的真相或自身的真理，必須要正視問題點。了解自己「為什麼」會重複做著「某件事」，我們之所以會這麼做，究竟是想透過這個過程維持什麼樣的「症狀上的滿足」。

因為只要潛意識的「那個東西」不願意自己退出或是放棄，症狀就會變換著不同的模樣，一直持續下去。我們真正需要的，不是令人眼花撩亂的「疾病名稱」，也不是精神分析專家給予的答案，而是要在分析過程中，得到能夠一一指出自身症狀的能力。

和解是對我自己做的告解聖事

在天主教中，告解聖事是向代替神和耶穌擔任仲裁者之位的司祭坦白自身的罪行，並得到赦免的象徵行為。告解聖事一開始並不是神職人員和信徒之間的對話，而是源自於修道者們向彼此坦承罪行的舉動。

告解就是為了得到寬恕，在傾聽者，也就是司祭面前「傾訴」。雖然告解聖事是在傾聽者面前坦白罪行的行為，但如果要說得更準確一些，這其實是我能對自己做到的最坦誠的行為。從這個意義上來看，精神分析師其實跟司祭所處的位置並沒有什麼不同。

「做為傾聽者的司祭」和精神分析師只是代表著一個象徵性的位置，其他什麼也不是。告解的人每時每刻都在被自己說服，在最隱密的地方將那個被他人的言語和超自我支配的自己展露出來。這樣的「儀式」，就是一種和終於顯露出真實模樣的自己和解的過程。這和天主教對真正的聖事的定義是相同的。

其實告解聖事並不是將我們認為自己做錯的事，或是潛意識裡無法原諒自己的隱密罪行告訴告解室隔板那一頭的司祭，告解聖事其實是一種對自己完全坦誠，道出心中一切的過程。在這個過程中，沒有他人的介入，只有自己和自己的和解。

因此「傾訴」在告解聖事中是一個象徵性的工具，且被賦予了相當重要的意義。而傾聽者，也就是我們之外的他者，其實只不過是一個待在為了完成聖事，必須要有個誰的位置上的人而已。

有時候，有些人也會為了能夠更安心地做壞事，將告解聖事當成是潛意識的手段或工具。週末到教會懇切地祈禱，在坦承自己做了什麼樣的事的同時，一邊流淚祈禱的信徒，又去了教堂告解，坦承自己的錯誤。加入這樣的信徒到了平日卻又重蹈覆轍，再次做出連自己都無法饒恕的事情的話，這就代表告解聖事已經淪為那個人另一個獲得快樂的工具了。

花在自己身上的心力

「將能量集中到內部，就是把外部的疑問轉移到內在的自己身上。」

有些女性堅定地認為自己如果不和丈夫或某個人在一起，就無法生活。這些女性們光是想像要獨自過生活，就會感到不安和恐懼。正因為如此，才會有些女性拚了命地想要維持不幸的婚姻關係，但她們所作的這些努力只會讓狀況變得更糟糕而已。到後來，這些女性們會覺得自己能夠相信和依賴的對象就只剩孩子了，所以開始把所有的心力放在照顧孩子和教養問題上。

當惠娜將所有的精力都放在養育孩子身上後，她卻發現自己並沒有在過程中得到滿足感，缺乏感和不安的感覺反倒越變越強烈，這樣的情況連帶著讓她放大了自己在養育孩子上的不足之處。惠娜不知道該怎麼做才能解決這樣的情況，就這樣來到了諮商室。惠娜夢想中的家庭生活需要感性的元素，她希望晚上能靜靜地和丈夫聊個天，帶著孩子出去外面散散步。但從某一天開始，惠娜開始覺得丈夫似乎不想和她待在一起，一天到晚都在外面閒晃。

惠娜說她在來我這裡之前，曾經去過附近的另一間諮商中心，但那邊的心理師告訴她夫妻間的矛盾很好處理，只要改善和丈夫之間的性關係，無論是什麼問題都能解決。雖然不能否定性關係在男女關係之中的重要性，但只有改善性關係才能解決夫妻間問題的說法，就是種偏頗並以男性為中心的思維。唯有滿足男性才能夠維持良好的關係，一聽就知道是深受父權主義影響才會說出的話。對於關係還有性來說，不是只有直接的行為才是全部。

將能量轉移到內部

假如內心不安的情緒一直處於高漲的狀態，並身陷不滿足的感受之中，自身的能量就不會留在體內，而是會一直往外部流失。這樣的人會一直思考「如果外部的條件有所改善，我的人生是不是也會變得更好呢？」，會不停想著如果當初自己是和別人在一起，現在可能就不會落得如此下場，或是經濟上有些餘裕，就有更多選擇了。因為腦袋裡總是充斥著這些想法，這些人便被想要清除外部的障礙，和改善外部環境的欲望緊緊捆綁。要將流向外部的能量轉往內部是一件既困難又痛苦的事，因為在過程中，我們會被想要儘快找到解答，消除自己人生不完美之處的衝動纏身。但我們必須要謹記一點，總是覺得自己的能量被外部條件給束縛這件事，其實是因為我們不願面對自己內心最深處，而創造出來的眾多不在場證明。

我向惠娜提出了一個建議。首先，我請她先不要去思考外部的所有問題，先去想想自己有沒有什麼想擁有的事物，如果有的話，就問自己為什麼無法果斷地選擇自己所渴望的。我會提出這樣的建議並不是要惠娜作什麼選擇都要果斷，也不是在對她施加壓力。向自己提出疑問，是一種能讓自己的能量轉移到內部的方式。如果發現自己正處在一個心中並不想待的地方，就必須要重新思考是什麼理由讓她選擇繼續站在那裡。因為將能量集中到內部，就是把外部的疑問轉移到內在的自己身上。

但是惠娜並沒有被說動，她還是一心一意只想改變丈夫的態度和外部環境。完全依靠外在環境生存對年幼的孩子來說是很自然的現象，所以如果有人過度依賴他人，那並不代表他們很軟弱，或是比不上別人，他們很有可能只是緊緊抓著自己還是個孩子時的某個時期，遲遲無法鬆開手而已。在惠娜的例子裡，「年幼的惠娜」

固執地要惠娜停留在現在這個位置。惠娜的擔憂和恐懼大多都是想像出來的，這就跟孩子光是想像媽媽不在身邊，就會感到絕望，被恐懼感包圍是一樣的道理。但現實是沒有人知道惠娜真的變成一個人時，她會過得好還是不好，因為她自己也還沒有真正經歷過這種情況。

我們總是想著能提早確認某件事情的結果是好是壞，但這種想法永遠不可能實現。

一般而言，人們都會認為安穩就是好事，所以有很多人除了為自己加設安全裝置外，他們什麼選擇都不願意作，但這說穿了就是一種傲慢。明明從來沒真正體驗過，光憑內心的恐懼和過去的經驗就斷定自己是什麼樣的人，這就是一種傲慢的表現。因為他們心中有個大前提，那就是絕對不允許失敗或遭遇挫折。

認為自己不能夠受苦的自戀態度，只會把自己關進沒有出口的空間裡。雖然沒有人會願意過著辛苦的生活，也沒有人會想墜入人生低谷，但人生本來就隨時都可能會受挫或是遭遇不幸，所以我們必須要對此抱持著開放、接納的態度，也只有這麼做才能讓我們過上自由的人生。這也是為什麼就算未來說不定會遭遇橫禍，也要抱持著等遇到了再來思考的態度。

正是因為不知道惠娜獨自生活會產生什麼樣的變化，關於未來的可能性就越多。而且不管惠娜作了什麼樣的選擇，只要真心接受自己的抉擇，往後要走的道路就自然會出現。

讓我擁有嶄新人生的道路

惠娜一直在思考自己有沒有辦法帶著孩子獨自生活，因為和丈夫一起生活實在太痛苦了，她怕有一天自己會撐不下去。惠娜和丈夫之間的愛意已經全消失無蹤，兩人就像陌生人一樣生疏，也沒有夫妻之間的親密感，雖然覺得很孤單，但惠娜還是很害怕自己跟丈夫分開後，有沒有辦法獨自維持現在的生活。

惠娜完全不敢想像自己的狀況可能變得比現在更糟，這也代表她根本不打算要放棄自己現在所享有的一切。但情況真的會照她所想的發展嗎？如果未來無法享有現在所擁有的，就一定會變得不幸嗎？這其實也是個未知數不是嗎？說不定和丈夫分開後，惠娜反而會過得比現在更好。為了解決這樣的選擇帶來的不便，為了過得比過去更好，她可能會傾注自己的所有能量去作各種嘗試，在這樣的狀況下，說不定根本也沒時間去想什麼過得幸福還是不幸。在面對沒有走過的路，沒有經歷過的事的時候，會退縮不前，會感到害怕都是很理所當然的事，但在跨出腳步，踏上另一條道路的瞬間，你就會發現大部分的路其實都是條平坦好走的路。

在一片模糊，看不清楚未來的狀態下推自己一把，乍看之下可能顯得有些魯莽，但這是想要擁有嶄新人生的必經道路。模糊不清並不是恰巧與安穩相反的不安和痛苦，反倒是一種「什麼都有可能發生」的可能性。

我在二十出頭的時候進到了修道院，接著在三十出頭的時候選擇離開。當時我的父母親，尤其是母親最常說的話就是：「其他人在妳這個年紀都有個穩定的職場，再不然就是結了婚，已經都站穩腳步了。妳現在離開修道院，孑然一身，又沒有半點社會經驗，到底要靠什麼過生活？雖然說只要能過日子，過得窮困一些也沒關係，但妳是要午餐吃黃豆芽湯，還是要晚餐吃開水拌飯啊？養活自己這件事有多重要妳知道嗎？」母親對我的選擇感到不安，也非常憂心，一直希望我不要離開修道院。

「在這世上生活很辛苦的……」這大概是長輩們最愛說的話之一了。這是因為長輩們不忍看著子女們在這折磨人的世上掙扎受苦，為了想保護他們才會萬般阻擋。但如果真的愛孩子，應該是無論他們作出什麼樣的選擇，都陪著他們一起堅持下去。

長輩們常說的話還有「我是為了你好」或是「我是怕你太辛苦」，大概沒有比這更庸俗的藉口了。我和丈夫結婚後，夫妻二人都沒有賺錢的能力，只能拚命念書。當時婆家的長輩們，尤其是我的婆婆最常說的話是「我最擔心的就是你們兩個會被這個險惡的世界傷害」，婆婆這句話的意思彷彿是在告訴我們只要照著長輩所說的話去做，就能保證我們不受到傷害，一輩子過著安全的生活。但諷刺的是這世界傷害我們最深的人就是家裡的長輩們。因為當我們下定決心不照家人們的要求生活，決定將自己從他們的欲望中抽離的時候，就一下子失去了所有支援，自己帶著年幼的孩子過生活。

當孩子們違背父母親的意思，選擇過自己想過的人生時，大多數的人都不期待能得到父母親經濟上的支援。我和丈夫自然也得面對現實的困境，在作出這樣的選擇後，我們帶著年幼的女兒，一家三口住在一間月租小套房裡。為了要證明我們當初的選擇並沒有錯，我們積極克服各種困難，努力地過生活，且樂在其中。

雖然必須要承擔起生活的重擔，但我們同時也脫離了「父母親附屬品」的身分，變得更加自由。作決定的權力已經從我們父母親的手中，轉移到我們一家三口手上了。那之後，我又為了能夠從丈夫那裡自立，經歷了一次劇烈的變動。

接受，一顆接納的心

「放棄意圖改變環境或條件的態度，打從心底接受事實的那一刻起，就會產生真正的變化。」

「變化可能源自於對不可能產生變化的接受和探究。」

——拉岡

當我們被許多問題給圍繞，不得不面對它們時，要學著承認自己的某些面向，而承認和接受之間隔著相當遙遠的距離。

承認代表的意思是不再否認某些現象或事實，對其表示認可，但不代表能夠接受。舉例來說，我有辦法說出「我承認你並不愛我」這個句子，但能否接受就是另一個層面的問題了。這是因為雖然你不愛我是事實，但根據我能不能接受這個事實，表現出來的反應和應對方式是天差地遠。

雖然承認事實但心底卻無法真正接受時，必定會伴隨巨大的痛苦，會想盡辦法回到對方還愛著自己的時候，過程中也會產生紛爭。只要無法真心接受那個事實，就會一直停留在悲傷和痛苦的狀態之中。

為了想擺脫痛苦，人們會不斷陷入各種煩惱、痛苦和矛盾之中。但要承認並接受某個事實時，我們會站在兩條岔路前。一條路是因為你不愛我，所以我選擇接受，雖然痛苦，但會維持著這個狀態向前。另一條路是我已經接受你不再愛我了，所以我選擇離開，放開你的手，又或者是心甘情願地承受對方已經不愛自己的事實，繼續過著這樣的生活。

「接受」這個動詞看似是個被動的行為，實則是個具有強烈主動性的詞語。但這裡所說的「接受」並不是硬著頭皮接受某個發生的現象，被某個狀況牽著鼻子走，而是主動出擊。將自己完全交給命運，順著水流而行看起來可能很不穩定，但與此同時，你也會得到完全的自由。

變化是從探究原因開始的

來到諮商室的人，大多都是想要了解自己的痛苦來源和傷痛的起因，而大部分人的原因都和兒時與父母親之間發生的事件，還有因他們所造成的傷痛有關。似乎不少人都認為只要好好探究原因，就能夠解決一切問題，但一開始想尋找原因的動機裡頭其實也藏著陷阱。雖然在精神分析的過程中，一定會對過去的事件進行深入的探索，但這其實也是一種哀悼。這些人透過探索過去的過程，和分析師一起透過言語對已經錯過的自己，和曾被冷落的童年進行哀悼。

多數當事人過去受到的傷害都與父母親有關，因此他們想要找尋原因的真正理由，大多藏著想讓父母親對自己的不幸和痛苦負責的意圖。這也是為什麼有些接受精神分析的當事人，會在聽見分析師說父母親該為他們的傷痛負責時，就立刻中斷諮商了。

在結束哀悼過程後，當事人們比起探索自己內心更深的欲望，通常會選擇責怪父母親，將所有責任轉嫁到他們身上。有些人甚至會在這時跟分析師道謝，謝謝對方這段時間的幫助後就離開，從此再也沒出現過。

但就算知道原因，生活也不會發生任何實質上的變化。精神分析過程中最重要的是「儘管如此也要接受」的態度，還有以何種方式接受這個事實。

「乖乖接受自己的命運，選擇堅毅面對的人能夠將傲慢的命運踩在自己的腳下。無論是面對幸運還是不幸都不屈服，正視自己的命運，就能維持泰然自若的面容。」

——波愛修斯

打個比方，有一個人出於某種衝動，反覆地結婚又離婚。每次離婚時，他都會把自己因為離婚受到的痛苦歸咎到對方身上，不停埋怨著自己看錯人，會出現這樣的情況，是因為這個人正被名為衝動的命運牽著鼻子走。

如果更主動地去接受人生中反覆發生的現象，也就是命運，就能夠讓自己的人生變得輕鬆許多，還有機會提升到更高的層面，享受人生。每次都因為同樣的問題爭吵不休的夫妻總是會說「只要對方願意改變，我們就能變得幸福」，這種把錯都推到另一半身上的行為，就等同於是在宣布「我們就繼續為同樣的事情吵架吧！」。只要接受原本認為是不幸的狀態或現象，曾經的不幸就不再是不幸，而是會隨著接受，成為主體性人生的熱情。

很多女性會因為子女和丈夫的問題感到痛苦。因為被人情、認同感和愛情給束縛，在生活中不斷地上演著同樣的紛爭。但與此同時，這些女性又很討厭自己，甚至到了覺得自己有些可怕的程度。當然，瀟灑地擺脫這種愛恨交織的關係，選擇過自己人生的選擇很了不起，但積極去接受帶給我不幸和痛苦的環境，同時也是個非常有勇氣的舉動。知道浪濤要打過來了，不逃跑，也不被拉著走，反倒靜靜看著浪濤襲來，並乘上浪尖，這就叫做接受。那些無法無視另一半和周圍的人對自己的要求與他們暗自施加的壓力，整天被牽著鼻子走，同時又抱怨著自己有多不幸的女性們，必須要了解自己真正的欲望和潛意識需求才行。如果真的那麼辛苦，這些女性們卻還是選擇要過同樣的人生的話，她們口中的不幸就不再是不幸了，因為這已經是屬於另一種層面的人生了。

假如另一半是個不願意滿足我的需求，無法讓我變得幸福的對象，還是選擇和這個人一起走下去的話，這不是因為逼不得已，而是因為害怕分開。在這種情況下，就要在接受事實之後再重新作選擇。放棄意圖改變環境或條件的態度，打從心底接受事實的那一刻起，就會產生真正的變化。

全然的信賴，遙不可及的願望

我在為因為家人或戀人感到痛苦的當事人進行精神分析時，經常會有一種感覺。在我的眼裡，他們連說話的樣子都是那麼惹人喜愛，到底為什麼要過著和對方不停攻擊彼此的生活呢。

只要稍微保持一點距離，就能看見對方的可愛之處。但我們和對方越是親密，愛意越是濃烈，就越容易被對彼此的需求和欲望給束縛，無法好好看著對方。這類型的人希望自己的戀人或是朋友能夠做到「不管我做了什麼事，變成什麼模樣，都不會背棄我」的全然信賴。這就跟孩子渴望從父母親那裡得到安全感和全然的保護是一樣的道理。在對象是孩子的時候，這樣的要求當然成立。但在成人的關係中，所謂信賴只是在容許對方的懦弱。

纏著要對方對自己表現出全然的信賴，其實也是一種想要完全依賴對方的表現。要求和對方共享一切，認為我的心就是你的心，你的心就是我的心的相處模式，並不能被稱為是一段健康的親密關係。

就算對彼此感到失望，受到再多挫折，還是能選擇回到原點重新開始的忠實，試著不被對彼此的固有觀念給捆綁的努力，承認自己是個自私、懦弱人類的勇敢，還有就算保持著距離，也不會因為對另一方感到失望就去傷害對方的意志，就算懷裡抱著對方無法填滿的漏洞，還是選擇堅定地一起走下去，這不就是真正的信賴嗎？畢竟我們原本就是充滿漏洞的軟弱人類啊！

克服矛盾並成長的人生

「對於已經暴露的症狀和關係中尚未暴露的矛盾，最好的應對方法是保有耐心，並努力去理解自己內在的衝動。」

孩子最一開始經歷的衝動有很大一部分都源自於偶然，而父母親和社會環境對這樣的偶然有著很直接的影響。不過在同一個環境下長大的孩子，也有可能會作出完全不同的選擇，這很常被說成是個性上的差異，但他們之所以會作出不同選擇，其實和孩子心中根本的欲望有著必然的關係。

舉例來說，假如有個孩子在所有關係中都傾向於把自己擺在弱者的位置，那麼這個孩子在和他的父母親，尤其是和母親的關係中，就會總把自己放在沒有任何力量的弱者位置，無論什麼事都會欣然接受，這也代表他們有著不管用什麼手段，都要得到自己想要的東西的欲望。對這樣的孩子來說，他會認為只要自己任由父母親安排一切，凡事都照著他們的希望去做的話，自己的父母親總有一天會成為他心中的理想父母，這樣的幻想背後藏著關於擁有和控制的欲望。假如這樣的欲望沒有被解決，便會一直跟著這名孩子。就算未來長大成人，他也會習慣性地將自己放在每一段關係中的弱者位置，接著反覆地被自己也不知緣由的痛苦和矛盾給折磨。

假如被困在了一個人的世界裡

「潛意識創傷會因為現實中某種微小的，偶然的碎片重複發生。」

——拉岡

相反地，也有些孩子一開始就察覺到自己無法擁有的事物，於是早早就選擇放棄。選擇放棄的孩子為了能滿足自己實質的欲望，可能會作不同於他人的抉擇。這樣的孩子很能夠自得其樂，有時專注在遊戲中，有時讓自己進入專屬於他的想像世界裡頭，甚至有機會在這之中學到如何在現實世界中堅持下去的方法。這些孩子從小就有自己的一套行為模式，他們就這樣一路成長，和世界建立起關係。

衝動源自於偶然這句話，從兩個孩子選擇自己在關係中的位置，並照著自己方式生活的過程中得到了驗證。像前者一樣，將自己擺在弱者的位置上，不停地為他人奉獻、犧牲，在感到痛苦的同時，又在其中偶然地感受到令人無法放棄的滿足感與愉悅。當孩子處在弱者的位置，感覺到被父母親忽視或遭受到強大的壓力時，最極端的狀況可能會產生被虐的滿足感，或是陷入自憐的快樂之中。後者則是放棄了想「獲得」的欲望，將所有精力傾注到自己身上，建構起屬於自己的世界，偶然地獲得了自閉的滿足感。也就是說這個孩子日後也能夠一直享受著重複的結構和遊戲。這種結構化的衝動，以及衝動帶來的反覆的痛苦與快樂，都在預告孩子成年後會重複這樣的生活模式和人際關係。

為了改善關係所作的努力

比起努力去了解自己的潛意識衝動，我們更傾向於學習能夠更容易，也更快速壓抑衝動的方法。因為要真正了解衝動，需要付出相當多的努力，過程也非常艱苦。

精神醫學領域有一本精神疾病診斷與統計手冊（DSM-V），在人類肉眼可見的症狀上貼上無數的疾病名稱，並開發藥物。衝動引起的症狀全都被歸類在疾病名稱裡頭。一般心理學其實也大同小異，在與科學競爭的過程中，想要透過量化的統計和科學來證實人類的各種症狀與心理。

如果我們假設潛意識存在，在不否定沒有潛意識的狀況下，只能對科學局限之外的人類精神變得謙遜。

比起其他國家的人，韓國人似乎特別喜歡根據統計數據，訂定出一般化的規定或作分類。不可否認的是我們在精神醫學上的確有著過人的貢獻和成就，也開發出不少有效的藥物和治療方式，但是最基本的應該還是對待人類症狀與各種現象的態度才是。在假設潛意識存在的同時，又擺出一種潛意識不存在的態度，用各種華麗的辭藻探究著科學上的因果關係，並期待患者們能夠透過這樣的公式被治癒，這是非常矛盾的。想要單憑合乎邏輯的因果關係來理解症狀，是一種相當傲慢的行為。

過去一般都會按照血型來劃分每個人的個性，但最近更流行用卡爾．古斯塔夫．榮格的人格類型為基礎，用ＭＢＴＩ來測驗自己和他人的類型，分析自己和他人的契合度，並從中得到樂趣。但ＭＢＴＩ其實原本不是一種用來區分人們屬於什麼類型，了解自己和周圍人的性格的工具。因為症狀是一種無法表現出來，也無法用言語或邏輯說明的東西。對於已經暴露的症狀和關係中尚未暴露的矛盾，最好的應對方法是保有耐心，並努力去理解自己內在的衝動。這是一種為了理解在誘發情感的同時，又想維持潛意識滿足的欲望

迎接幸福人生的姿態

「其中一方完全配合另一方的需求，絕對不是愛情該有的形態。這不過只是一種支配和服從的關係。」

假如無法擁有物理上的空間，有屬於自己的時間就變得更重要了。就算只是坐在咖啡廳發個呆再回家也好，確保能擁有專屬於自己的時間，並將這個時間變成一種固定的行程是一件非常重要的事。

和對方分享一切並不是一段健康的關係。無論是夫妻，還是父母和子女之間都需要明確的界線。試著想像一下這個情境，有一個女孩每天放學之後，都會在媽媽耳邊把那天發生的所有事情，一字不漏地說一遍，她長大成人之後，也總會在丈夫下班回家後，鉅細靡遺地告訴他自己一整天下來都做了些什麼事。這樣的行為並不能成為家人之間親密程度、愛意和是否和睦的標準。如果覺得媽媽對自己而言是個很安全、相處起來很舒服的對象，孩子反倒有可能會在自己想跟媽媽分享生活大小事的時候才開口。而那些和媽媽相處的時候會感到不安，害怕和媽媽有緊密接觸的孩子們反倒話會比較多。這些孩子總是會從媽媽那感受到某種莫名的威嚴和壓迫感，為了能夠和媽媽維持一些距離，會不停地用「說話」來填補他們之間的空隙，這些孩子還會自我安慰，把這種行為看作是自己和媽媽之間很親密的證明。

試著理解他人的快樂

三十多歲的智赫有個秘密瞞著妻子，這個秘密既不是外遇也不是炒股票，而是他每週有兩天會在下班後獨自到首爾市區，找一間適合讀書的咖啡廳待著，而智赫對妻子的說法則是常態性加班。能夠享有自己的時間讓智赫非常開心，但也不免對妻子感到有些愧疚，心中的情緒十分複雜。但即使如此，智赫還是無法輕易放棄這能為他帶來快樂，專屬於自己的秘密時間。久而久之，智赫開始幻想著能有一個只屬於自己的小公寓，他也三不五時就會看看有沒有適合的房子。不過也只是看看而已，擁有自己的空間這件事就停留在智赫的想像中，但光是想像也能讓他感到開心。

智赫之所以會這麼需要自己的時間和空間，是因為只要一回到家，妻子的嘴巴就沒有闔上過，這讓智赫感到疲憊不堪。他當然愛妻子，也很愛自己的家庭，但下班後還要面對如此大的訊息量，智赫常常覺得自己快要窒息了。在無可奈何的情況下，他只能想個自救的方法。

但就在某一天，因為智赫不小心說漏了嘴，這隱藏許久的秘密就這樣曝光了。智赫的妻子覺得自己被背叛了，面對丈夫的欺騙她不禁打了個寒顫，感到心灰意冷，甚至覺得丈夫一定是不愛自己了，為此十分絕望。從妻子的立場來看，她會有這種反應並不難理解，畢竟她在家裡照顧孩子一整天，就等著丈夫回家，沒想到丈夫卻獨自躲在外面逍遙，只要想到這她就滿腹委屈，覺得天像要塌下來似的。

從精神分析的角度來看，妻子感受到的背叛感，其實不是源自於丈夫一直瞞著自己，偷偷享受著個人的空間和時間這件事，而是因為丈夫正享受著她不知道的快樂。

智赫所享受的快樂，是瞞著妻子創造出專屬自己的秘密時間，這段秘密時間其實扮演著「禁忌」這個角色。在有禁忌的情況下，違反禁忌會帶來極大的緊張感和愉悅感。智赫的快樂並不是到各個咖啡廳，享受專屬自己的時間這件事，而是因為這件事在不告訴妻子的情況下變成了一個「秘密」，快樂的源頭便是來自於此。其實妻子會發現這個秘密，也有可能是因為這個禁忌替智赫帶來的快樂已經開始失去效力，又或者是這種獨享的快樂帶來的罪惡感已經強烈到讓他無法負荷，所以智赫才會不小心說漏嘴。

但因為丈夫和自己之間有秘密，就斷言對方不愛自己是一種非常幼稚的行為。我們無法完全了解他人，就算是父母和子女，或是夫妻關係，也永遠不可能完全了解對方。也不是一定要了解對方的全部，才能夠建立起安定又和睦的家庭。無論是什麼樣的關係，都可能沒向彼此一五一十地據實以告，但就算不說，彼此之間也要有一定程度的信任，這才是真正健康的關係。

在一段關係之中，我們必須要抱持著一種不用刻意去問，也不用刻意解釋的態度，這和出自於漠不關心的不聞不問不同，而是一種讓彼此內心都有一塊屬於自己空間的心意。假如對方或自己無法接受這樣的模式的話，多半是因為不安全感早已深埋在心裡了。

各自幸福，一起幸福

我們都要有不用和對方分享，專屬於自己的快樂，才能夠維持良好又長久的關係。只要提到我們需要尋找屬於自己的快樂，很多人就會誤會是不是必須找一些看起來很厲害的興趣愛好，或是做一些了不起的事。但並不是只有做一些很特別的事，或非常動態的事情才能獲得快樂。雖然很難用言語形容，但只要是不用和任何人分享的東西，哪怕是非常瑣碎，微不足道的事物都能為人帶來快樂。

雖然在那段秘密時間裡，智赫只是獨自坐在咖啡廳裡發呆，喝個茶而已，但站在妻子的立場，她也很有可能會懷疑丈夫其實是在和其他女性見面，或是做了什麼對不起自己的事。但我們並不是非得要做一些脫離常軌的事才能獲得快樂，對智赫來說，光是擁有自己的一個小秘密就足以讓他感到快樂了。雖然沒過多久，智赫就自己替妻子提供了能揭露秘密的線索。

假如身邊一定要有某個人存在，一定要從那個人身上感受到愛才能得到滿足，同時認為那就是快樂的話，這不過就是一種依賴的關係而已。就算對方是親愛的家人，心愛的戀人，也沒必要把他們的人生和自己的人生化為等號，而是應該在這段人生中各自創造屬於自己的歷史才是。

找到自由的自己

「如果沒有他人的關心、關懷和愛，自己的存在就會遭受嚴重的打擊，變得十分不穩定，就是時候該停下來問問自己是哪裡出問題了。」

我之所以會動筆寫這本書，是希望能夠和大家一起深入思考男女之間的關係。也是出自於一種迫切的心情，我希望各位不要再用一直以來操控著我們的父權社會秩序、傳統儒家思想設下的禁忌，和男性視線做為標準審視自己，並把自己困在裡頭。

夫妻關係和戀人關係之中，不是能夠向彼此保證肉體的純潔性，就能讓這段關係變得更加完整，這是個顯而易見的事實。如果過度執著於肉體的純潔性，這就會變成一種絕對的權力，而權力必然會創造出罪人。有一名男性每天都會看著走在路上的女性，並對她們進行性幻想，我們無法說因為他只和妻子進行實際上的性行為，這就是一段真正的愛情。反過來說，一邊享受著和眾多女性的性愛，一邊說著「但是我的心只給妳一個人」，也不能稱之為真摯的愛情。這時候，我們應該要問自己究竟該站在何處看愛情，並找出只屬於自己的答案。

當然，我也不是說肉體上的自由全都能套入現實生活中。至於要用什麼方法表示對彼此的忠誠和信任，就是關係的當事人們要自己去決定的了。任何被稱作常識的基準，都不能拿來斷定或評價他人之間的關係。

欺騙自己的愛情不在場證明

這個世界靠著無數的不在場證明而運轉。換句話說，潛意識用眾多的不在場證明來說服我們的意識。如果仔細觀察臨床上的例子或關係的動態，就會發現的確是如此。因為我們用來說服自己的無數邏輯，也就是「不在場證明」，背後都躲著潛意識的某樣東西。拉岡曾經說過所有的事物都是不在場證明。舉例來說，如果有個人說「因為我不想傷害那個人，所以無法作出新的選擇」，就算這個不在場證明可以完美說服他本人，但仔細一看就會知道，這個人只是在將對自己人生的責任推給別人而已。在這句話的另一面，可能存在這個人不想完全脫離依賴關係的需求，又或者是這個人在享受著自己的隱密遊戲，明明就想擁有對方，卻在意識層面不停地將對方推開。

很久以前，有一位四十多歲的女性來到了我的諮商室，她長期因為和婆家的矛盾，還有婆婆單方面的態度暴力所苦。但我和她的諮商最後以非常戲劇化的方式結束了。她來諮商室的目的並不是想找出讓自己痛苦的理由，進一步擺脫痛苦，開始過自己的人生。這名女性其實只是希望能夠得到認同而已，她希望諮商心理師能夠告訴她婆婆的行為是不合理的。於是在結束這個過程，我正要開始跟她討論對自己的生活應該負起的責任，以及如何實踐時，諮商就結束了。

這名女性之所以會選擇接受諮商，也是因為想要製造出一個「我痛苦到還需要求助諮商中心」的不在場證明。接受諮商對她來說可能只是一種權宜之計，確定所有的責任都在婆婆身上後，就能確保她接下來所做的所有行為的正當性。這麼一來她就可以成為一名完美的受害者，行使專屬於弱者的權利，而諮商心理師只是扮演好做為權威人士的角色，淪為協助她製造不在場證明的幫手。

我在進行諮商的時候經常會說一句話：

「不要被自己騙了。」

我希望他們不要被經過我們意識的無數理由和意義所迷惑，同時也建議他們應該要更深入、更執著，且更專注地看著自己。雖然過程中可能會走進出乎意料之外的廢墟，但在這個代表死亡，看似不可能會有新生命的地方，終究會看見種子冒出新芽。

雖然朝著安穩的生活邁步，卻始終無法達成完全的穩定，這就是人類的人生。為了解決對某些事物的好奇心和各種疑惑，我們會提出許多疑問和煩惱，要記住千萬不要因為嫌麻煩就妥協，因為不停地提出疑問才能真正得到一些什麼，雖然妥協似乎也是一種選擇。我們經常會為了避免令人不適或痛苦的情況，不停地抵抗，苦苦掙扎，但諷刺的是這只會引發更多痛苦、衝突，甚至落得淒慘的下場。

如果無法得到他人的喜愛，沒有他人的關心、關懷和愛，自己的存在就會遭受嚴重的打擊，變得十分不穩定，就是時候該停下來問問自己是哪裡出問題了。

沉溺於閃閃發亮的女性氣質

這邊所說的並不是以男性中心視角看待的女性氣質，從結構層面看的真正女性氣質沉溺於「缺乏」。再也不是在渴望缺乏的同時，尋找著能夠填補自身缺乏對象的少女，而是尋找真正的缺乏，透過替自己的缺乏著色的過程獲得認同感的女性。

我們經常會看見看起來不太搭的情侶。有些女性看起來明明可以找到更好的對象，更體面的人，卻選擇了在他人眼裡無法理解的對象。那些女性看起來並不單單只是被對方吸引而已，而是完全沉溺在其中，被牽著鼻子走的狀態。在男性致命的缺陷身旁，女性將那個缺陷變成了閃閃發亮的寶石，並藉此獲得認同感和快樂。如此一來，她就成了那名男性不可或缺的唯一，雖然在成為對方的所有的過程中，女性必須要放棄自己的一部分，但與此同時，她也擁有了對方。女性總是會被擁有某些嚴重缺陷，只要失去她，就等同於失去閃亮光芒的男性給吸引。

許多女性之所以會願意付出令人難以理解的代價，也要讓自己屬於某個男性，其實是因為想要擁有對方，本來就必須放棄自己的一部分才行得通。最重要的是因為她們享受著這種犧牲和自我放棄，所以為了能繼續享受這種感覺，她們會一直找上重複的對象。如果能對自己正在享受著什麼，沉溺於什麼樣的快樂之中提出疑問，並察覺到真相的話，就能夠停止不斷在丈夫和伴侶身上尋找痛苦和不幸原因的行為了。

這就像一則著名的軼事一樣，明明是在另一條伸手不見五指的巷弄裡弄丟錢包的，卻總是在燈火通明、方便尋找的路燈底下拚命地找。等找得差不多的時候，就用已經盡力了來安慰自己。但這個結局是可以改寫的，只要走進弄丟錢包的那條巷弄，拿出女性所擁有的最閃亮的女性氣質，便能為黑暗帶來光明，這種「與缺乏的結合」也是只有女性才做得到的。

參考文獻

《享受你的症狀》，斯拉沃熱．齊澤克著，朱恩宇譯，Hannarae，二〇一三

《拉岡與精神分析臨床：構造與倒錯症狀》，喬爾．多爾著，洪俊基譯，Ananke，二〇一三

《拉岡的人類學（研討班七講解）》，白相鉉著，Hugo，二〇一七

《女人想要什麼》，塞爾日．安德烈著，洪俊基譯，Ananke，二〇一〇

《為何女人寫的信比她們寄的信多？》，達里安．利德著，金鐘燁譯，Munhakdongne，二〇一〇

《自我分析》，卡倫．荷妮著，李太勝譯，Minjisa，一九八八

《雅各拉岡研討班十一：精神分析的四個基本概念》，雅克—阿蘭．米勒著，孟政賢譯，Holywave，二〇〇八

《嫉妒，愛情的影子》，保羅—羅宏．亞舜著，表元景譯，Handongne，二〇二二

《哲學的慰藉》，波愛修斯著，朴文在譯，Hdjisung，二〇一八

國家圖書館出版品預行編目資料

我就是我,不是誰的另一半/朴又蘭著；丁俞譯. -- 初版. -- 臺北市：平安文化有限公司, 2022.08
面； 公分. -- (平安叢書；第726種)(Upward；134)
譯自：남편 을 버려야 내 가 산다：마음 의 자립 을 시작 한 여자 를 위한 심리학
ISBN 978-626-7181-01-0(平裝)

1.CST: 婚姻 2.CST: 夫妻 3.CST: 兩性關係

544.3 111010871

平安叢書第726種

UPWARD 134

我就是我，不是誰的另一半

남편을 버려야 내가 산다

(Have to Leave Husband for Self-reliant)

作　者—朴又蘭
譯　者—丁俞
發 行 人—平雲
出版發行—平安文化有限公司
台北市敦化北路120巷50號
電話◎02-27168888
郵撥帳號◎18420815號
皇冠出版社(香港)有限公司
香港銅鑼灣道180號百樂商業中心
19字樓1903室
電話◎2529-1778　傳真◎2527-0904
總 編 輯—許婷婷
執行主編—平靜
責任編輯—陳怡蓁
美術設計—鄭婷之
行銷企劃—許瑄文
著作完成日期—2021年
初版一刷日期—2022年8月

法律顧問—王惠光律師

讀者服務傳真專線◎02-27150507
電腦編號◎425134
ISBN◎978-626-7181-01-0
Printed in Taiwan
本書定價◎新台幣380元/港幣127元